無常の見方　「聖なる真理」と「私」の幸福

アルボムッレ・スマナサーラ
Alubomulle Sumanasara

はじめに

かつてサンガから刊行されていた『無常の見方』『苦の見方』『無我の見方』が、クラウドファンディング出版のかたちでサンガ新社から再刊行されることになりました。これらの本が書店等に並んで、あらためてブッダの教えの真髄を多くの人々に知ってもらえるようになるのは、大変有意義なことだと思います。

無常・苦・無我とは、お釈迦様が真理として語られた三つの概念です。「存在とは何か？」という問に対しては、「すべての存在は無常・苦・無我である」と答えることができます。言葉としては三つですが、これは理解の仕方の違いにすぎません。「すべての存在は無常・苦・無我の三つの立場で理解できる」ということで、意味は同じなのです。

大乗仏教では、無常・苦・無我を「空《くう》」という一つの単語でまとめることがあります。「空」という単語はブッダも使っていましたが、ブッダはあまり概念を抽象化したくなかったんですね。ですから、一般人でもそれなりに理解できる無常・苦・無我という言葉を使って存在の姿を説明しているのです。

無常・苦・無我を知り、納得したら、人々は心が解放されて解脱に達します。すべての生きる苦しみがなくなります。

生きる苦しみというのは、「生きているんだ」「私がいるんだ」「物があるんだ」という考えから出てくるものです。しかし、「物があるんだ」と言っても、物はない。「私がいるんだ」と言っても、そんなものはない。すべては無常で流れているので、そのような固定した概念は絶対に作れないし、使えないのです。

生きることについての問題は、「自分がいる」という気持ちが消えたところですべて解決します。人は存在を観察して、この法則を発見するのです。

「世界は無常・苦・無我である」と言いますが、自分自身も世界の一部です。ですから「自分も世界も、すべてまとめて無常・苦・無我である」ということを発見して体験してほしいのです。

本の中では、できるだけ頭で理解できるように工夫して書いていますが、皆さんにはそこから一歩踏み出して、実際に無常・苦・無我を体験してほしいと思っています。「地球は丸い」と言うことは簡単ですし、説明もできますが、宇宙に行ってみるのが一番楽チンです。実際に宇宙から眺めてみれば「地球は真ん丸だ」と簡単に発見できます。

そんな感じで、自分で体験してみてください。特に「無我」については説明すると難しくなるのですが、体験してしまえば、しごく簡単です。「無常＝苦＝無我」なのです。仏道を実践する人は無常・苦・無我のどれかを体験します。どれかを体験すれば、それで真理が完全にわかったことになるのです。

無常・苦・無我がわかれば、お釈迦様がおっしゃったことはすべてわかったと自慢できると思います。経典は膨大でたくさんありますが、無常・苦・無我はその真髄です。三冊の本に書いてあることは、そのとおりにしなくてはいけない神の言葉ではなく、人間が考えて書いたことです。ですから、内容を鵜呑みにするのではなく、自分自身の観察能力や経験を活かして、自分で理解してみてください。そうすれば、精神的にとても役に立つ読書になるだろうと思います。

本書が皆様の幸福につながることを願います。三宝のご加護がありますように。

アルボムッレ・スマナサーラ

目次

協力／佐藤哲朗
中田亜希
本文デザイン・DTP／鰹谷英利
装丁／幡野元朗
装画／増田孝祐

第1章………「ある」から生じる大失敗

悩むのは、馬鹿げている

「変わる」から悩む、「変わらない」から悩む

人は、いろんな理由で悩みます。

ところが「どうして悩むのか？」を考えてみると、たった二種類に分類できてしまいます。

①「変わる」から悩む

②「変わらない」から悩む

のどちらかです。大雑把にみれば、単純なのです。

この二つをしっかり覚えておいてください。イライラするとき、息が詰まるとき、落ち着かないとき、「変わるから悩んでいる」「変わらないから悩んでいる」と気づいてく

ださい。そうすれば、頭がしっかりします。みるみる気持ちが落ち着きます。それで人生は大丈夫です。

①変わるから悩む

「変わるから悩む」リストは、次の通りです。

・景気が悪くなると悩む。
・会社を首になると悩む。
・病気になると悩む。
・老いると悩む。
・好きな人に振られると悩む。
・友人関係が悪くなると悩む。
・親しい人が不幸になると悩む。
・親しい人が亡くなると悩む。
・お姑さんが自分の家に住み着くと悩む。

・自然災害で家が壊れると悩む。
・給料がカットされると悩む。
・灯油が高騰すると悩む。
・希望する学校、会社に入れないと悩む。
・髪の毛が薄くなって、はげてくると悩む。
・シミ、シワが出てくると悩む。
・昔買った服が着られなくなると悩む。
・イヌ、ネコが家出したと悩む。
・子供が独立宣言したと悩む。

人間はどんなにつまらないことでも、ちょっと変わっただけで悩むのです。

「悩む」→「苦しむ」のメカニズム

「悩む」だけでも忙しい人間ですが、人間にはさらに「次のステージ」があります。次に人は「苦しむ」のです。

いろいろな変化に悩みながら、人は必死で頑張ります。リストラにならないように、会社を首にならないように、好きな人に嫌われないように、離婚を迫られないように、踏ん張る。

このようにして「苦しみ」が生まれるのです。

よく皆さん「苦しい」「つらい」と口にしますが、頭が明確ではありません。それでは苦しみから抜け出せません。「変化に抵抗するから苦しい」のです。苦しいとき、このことにはっきり気づいてください。

真面目に、効果的に働きかけると、その「変わってほしくないもの」が、変わるスピードを微妙に落とす場合もあります。

ある女性が、美味しいものを食べないようにして、毎日エクササイズして頑張った。すごく苦しいでしょうけれど、それでプロポーションの崩れと離婚が少し遠のくかもしれません。

ある男性が必死で働いた。すごく辛かったけど、なんとか定年退職まで会社にいられた。子供もようやく手を離れた。

このように、変化に逆らって成果を収めると、人間は「よかった」「いま私は幸福だ」と宣言します。

しかし仏教から見れば、そんな「幸福」は大したものではありません。

覚えておいてほしいのですが、変わるものは必ず変わるのです。変わることをやめる、ということはあり得ないのです。頑張っても、努力しても、変わるものは変わるのです。

ときには努力が裏目に出て、悪くなってしまうこともあります。

あまりにも親が頑張って子育てしたために、子供がまるっきり駄目になることもある。家族のためにと単身赴任に耐えて猛烈に働いたせいで、離婚することになったり、子供にそっぽを向かれたりもするでしょう。

そうなると「あの努力はぜんぶ無駄だった。逆効果になってしまった」と何倍も苦しむことになるのです。

②変わらないから悩む

「変わらないから悩む」リストは、次の通りです。

・景気が良くならないと悩む。
・収入が増えないと悩む。

・仕事の能率が上がらないと悩む。
・勉強しても頭が良くならないと悩む。
・大学に合格できないと悩む。
・「家族サービスをしているのに、感謝されない」と悩む。
・治療しても病気が治らないと悩む。
・サプリメントを摂取しているのに、若返りしないと悩む。
・好きな人に嫌われていると悩む。
・嫌いな人に好かれていると悩む。
・「あいかわらず貧乏だ」と悩む。
・美しくないと悩む。
・身長が三センチ足りないと悩む。
・体重が八キロオーバーしていると悩む。
・ライバルがビクともしないと悩む。
・「人生が楽にならない」と悩む。
・「人が親切じゃない」と悩む。
・「世界が良くならない」と悩む。

・「言ってはいけないことを言った」と悩む。
・「すべきでないことをした」と悩む。

こちらのリストにも、終わりがありません。

努力の結果、変わらないものが少々変わることもあります。育毛剤で産毛が生えることもあるのです。

しかし、ぜんぜん変わらないこともあります。どんなに努力しても、お姑さんとお嫁さんが仲良くならないこともある。変わっても変わらなくても、自分は苦しい努力をしなくてはならないのです。

自分の思うように振る舞わないからと、鬼のようにお嫁さんをいじめるお姑さん。それなのに、お嫁さんがしばらく旅行か何かで家を離れたら、こんどは、つまらなくて寂しい。でも「孫の面倒でも見ておけばどうですか」と言われると、「家政婦のように扱うな」と怒る。自分は頑として変わろうとしないのです。

このお姑さんにとっては、お嫁さんをいじめることが「生きがい」です。それは、お嫁さんに「早く死んでくれませんか」と言われるような生き方なのですが、たしかに本人も苦しんでいるのです。

「苦しみ」の寄せ集めが「人生」

よく考えてみてください。

「生きる」って何なのか？

仕事をすること、家事をすること、そんなものでしょう。洗濯、掃除、買い物、料理、そんなものでしょう。

給料が下がらないように働く、汚れた服を洗濯する、散らかった部屋を片付ける、なくなった食べ物を買い足す。

すべて「変わらないようにする努力」「変えようとする努力」なのです。

その寄せ集めが人生でしょう。そのすべてに終わりがない。延々と続くでしょう。料理を作っても、作っても、きりがない。終わりがないのです。人間は、苦しく空しい努力を生きがいにしているのです。

これが仏教で「生きることは苦である」という理由です。「苦（dukkha《ドゥッカ》）」は「空しい、不満、不安定、苦しい」を意味します。

変わらないようにするのは「苦」。

変えようとするのも「苦」。

これが人間にとって「生きる」ことなのです。

それなのに人間は、この生き方を「幸せの道」だと思っています。きちんと見ると「苦」ばかりなのに、それを「楽だ」と錯覚している。人間は「苦を経て、苦を得て、それを楽とする」。勘違い甚だしいのです。

「生きることは苦である」というのは、お釈迦様が発見された真理です。耳にしたことがある人も多いでしょう。

無智な人は「はい、そうですか」とありがたがっていますが、自分の頭で考える人は、これまで納得していなかったはずです。「どうしてこれが真理なのか？」「何か少しおかしいのではないか？」と。

けれどこうして分析すると、とても簡単でわかりやすいでしょう。「なぜ自分が悩み苦しむのか」を筋道立てて考えると、必ずこの結論にいたるのです。

「見方」が、悩み、苦しみの原因

数限りない悩みを、

①「変わる」から悩む
②「変わらない」から悩む

の二タイプに分類して見てきました。

何か違いが見つかりましたか？

まったくそうはなりませんでしたね。ダブらないように気をつけたのですが、似たようなリストになりました。つまり「悩みは、ぜんぶ似ている」のです。

これはどうしたことでしょうか？


種を明かせば簡単な話です。

①「変わる」から悩む
現象の「自分にとって良い側面」を見て、「変わってほしくない」と悩むことです。

②「変わらない」から悩む
現象の「自分にとって悪い側面」を見て、「変わってほしい」と悩むことです。

人間は矛盾しています。たとえ同じ現象であっても、「見方によっては変わってほしくない」し、「見方によっては変わってほしい」のです。

子供が大きくなるのは、見方によっては寂しいことであり、見方によっては、嬉しいことなのです。

問題は「見方」にあるのです。このことを発見していないから、人は苦しむのです。

期待、希望から、苦しみが生まれる

「あのように変えたい」「これは変えたくない」というのは、期待、希望です。幸福を思い描いて、それを期待しているのです。

こういう「幸福を期待する生き方」は、前向きな生き方だそうですね？　実際、皆さんは、「幸せになるために頑張っています」という人を、すごく明るい人だと思っているでしょう。

違います。「裏」をしっかり見抜いてください。

この人は嫌だから、苦しいから、幸福を期待して、また苦しむのです。

いまの給料が嫌だから、ボーナスアップを期待して、歯をくいしばって働くのです。この人は、ものすごく不幸なのです。

現実から目をそらして、何かを期待、希望して頑張ると、苦しみが待ち構えています。期待、希望という見方は、苦しみのもとなのです。

仏教では、「期待、希望、願望は捨てなさい」と言っています。それはこういうわけなのです。

苦しみを感じ、苦しみを経て、苦しみを得る。これが人生の実態です。その「苦」を人間は「幸福」という。人間というものは、じつにあべこべな生き方をしているのです。

あなたは「世界の王」ではありません

「すべては変わる」というのは、動かしようのない事実、真理です。「変わらないものは、ない」のです。したがって先に挙げた②「変わらないから悩む」は、あり得ないことになります。

それなのになぜ人間は、変わらないことで悩むのでしょうか？

それは自分が期待するように変わらないからです。

しかし変わってほしくても、変わらないでほしくても、それはその人の勝手な願いです。自分の勝手でものごとが動いてほしいと思っているのです。「主観」「わがまま」です。うまくいくわけがない。

それなのに人間は皆、「全知全能者」気取りなのです。

他人事ではありません。あなたも世界の王か何かのつもりなのですよ。

子供にもっと勉強してほしいと希望する。

給料が上がってほしいと希望する。

店にお客さんがばんばん来てほしいと希望する。

すべて主観的な「わがまま」です。そのことに気づかずに、あなたも「自分の思い通りになって当然だ」と、思っているのです。

「全知全能」という言葉は、「聖書」からの拝借です。聖書の神は、「私は全知全能だ」とのたまうのですね。

しかしこの神は、自分の作った人間が失敗作だからといって、大洪水を起こして、ノアと動物だけを方舟に乗せて、ほかは皆殺しにしたのです。ノアの子孫が我々だそうです。全知全能で失敗するとは、いったいどういうことでしょうか？　失敗作のサンプルから作り直すとは、どういう思考なのでしょうか？

アメリカでＢＳＥのウシが一頭発見されたら、輸入をストップする。鳥インフルエンザにかかったニワトリが見つかったら、鶏舎ごと処分する。

論理的にはこうした対処方法こそが正しいのです。原因を断ってこそ、結果を変えることができるのです。

「わがまま」が根本的な問題

人間は自分を全知全能だと思っています。しかし人間は不完全ですから、思う通りにものごとが運ぶわけがありません。

そうでしょう。あなたが思うように、ものごとが変化する道理がないでしょう。

しかし本人は全知全能のつもりだから、「希望通りにならない」と悩み苦しむ。

つまり「わがまま」であることが、根本的な問題なのです。

不完全な人間が全知全能者の気持ちになると、人生は矛盾だらけになります。

世の中も、皆さんの人生も、すべて矛盾ではないですか？　矛盾でないものは一つもないでしょう。人の話すことはぜんぶ矛盾。哲学書も矛盾だらけ。聖書にいたっては矛盾の寄せ集めです。

世界は、幸福ではなく、矛盾で満ちている。これは事実です。

親に頼らないと生きていけない子供が、親に逆らう。

子供の面倒を見なければならない親が、子供を虐待する。

夫婦は死ぬまで仲良くしなければならないのに、いちばんよく喧嘩するのは夫婦です。

何を見ても矛盾ばかりです。

病気になると薬を飲む。そうすると別の病気になる。薬さえも明らかな矛盾です。人間には副作用のない薬は作れないのです。

「自分のわがまま」に気づくと、人生はうまくいく

無智な人間が全知全能者気取りなのです。しかも本気です。冗談ではありません。そのうえ「自分は全知全能のつもりで生きているのだ」と誰も気づいていない。

これをもってブッダは、「生命は基本的に無智だ」「無明だ」と説くのです。「人間は真理に気づかない」と。

けれどあなたは、このことに気づいてください。

気づくだけでよいのです。「謙虚に生きよう」と思っても、そうはなれないでしょう。でも「自分はどちらかというと全知全能のつもりなんだなぁ」と気づくことはできますね。それだけで問題が起きてもただちに解決します。人生はたちまちうまくいくのです。

子供が喧嘩を売ってきても、「何だ、お前は」とはなりません。「ちょっと話を聞いてみようか」となるのです。それで子供の言っていることがチンプンカンプンだったら、「それはね、こういうことじゃないの？」と言えばいい。子供だって話を聞いてもらったあとだから、「なるほど、そういうことか」となるでしょう。それで子供の人権を守って、自分も「頭がよく働いて問題を解決できた」と、いい気分になりますよ。「うまくいった」と。それで幸せを感じるでしょう。

このように「人間は全知全能のつもりで生きている」という一行は、皆様に幸福をもたらすブッダの智慧なのです。

さて、ここまでは皆様の世界からブッダの世界へ連れて行く話でした。これからブッダの世界を案内します。

知識が不幸の種を蒔く

「ある」は二種類

人間というのは、いつも「ある」と考えて生活しています。「花がある」「私がいる」という具合に、「変わらずにある」と思っているのです。

ここはあまり深く考えないでください。考え方が間違っていると、袋小路に入り込むだけです。

智慧のない人間の心では、固定化された認識、概念しか作れません。だから人間の「高度な知識」など、仏教は相手にしないのです。もうゴミ扱いです。ここは単純に考えてください。

人間が「ある」と実感している「もの」は、二つに分けられます。

①「見るもの、聞くもの、嗅ぐもの、味わうもの、触れるもの」が「ある」

②「思うもの」が「ある」

本があるから見える。声があるから聞こえる。そこで「知る」ということになる。ここまでが①です。

また人間は、「私が思うもの」を「その通りにある」と思うのです。これが②です。

「思うもの」が「ある」は、大問題

①は、まあ大目にみてもいいでしょう。「本がある」と思っても、大きな問題にはなりません。

しかし②は駄目です。ここから恐ろしい問題が生じるのです。この「思うもの」がひどいのです。いい加減なこと、ひどいこと、妄想、あらゆることを思うのです。無智な人間はそれを「私が思うのだから、その通りだ」と思うのです。

「あの人は性格が悪い」と思ったら、それを事実だと思う。
「あの女の子は不細工だ」と思ったら、「あの女の子は不細工です」と決めつける。
とんでもないことなのです。

人間は「自分が思うもの」を絶対に譲らない

人間は「自分が思っていること」を断じて譲りません。自分の考えは絶対正しいと思っているのです。

そのうえ、人間は「とても変なこと」を一日中思っています。

歳をとっても若いと思っている。でも若いわけがないでしょう。

鏡を見て自分はすごく格好いいと思っている。しかし左右からして逆転しているでしょう。

恐ろしいことも考えたりもする。嫌いだ、嫌いだと思っていると、それが本気になって人を殺したりもするのです。

人間はどこまで馬鹿なのでしょうか？

アメリカのブッシュさんは自分が思うことは正しいと思っているから、大量に人を殺した。それでイラク人もアメリカ人も死ぬ羽目になったのです。

「思うこと」は危ないのです。ブッシュさんだけが悪人ではありません。皆同じなのです。

「お姑さんがひどい」と言ってくるお嫁さんに、「違いますよ。あの人は優しい人ですよ」と言ったら、「お姑さんの肩を持つのですか」と怒るのです。それで喧嘩になるのです。

お母さんに「その服はいまひとつね」と言われた娘さんは、「あ、そう」と応じるかもしれませんが、好きな男を「あまり信頼できないから、付き合うのをやめなさい」とけなされたら、お母さんをぶん殴ろうとするのです。

誰もが、自分の考えは絶対に正しいと思っています。このことを覚えておいてください。覚えておくだけで充分です。自分を変えようとしたら、逆にろくなことになりません。

「思考の争い」「信仰の争い」こそが問題

この世で何の解決策もない問題は、「思考の争い」「信仰の争い」です。信仰といっても宗教に限りません。多くの人がお医者さんを信仰しているし、医学を信仰しているし、現代科学を信仰しているでしょう。

これが大変な問題です。

現在の世界の問題は、ほとんどが「考えの違い」から生じています。経済的な問題は二次的です。

例えば、パレスチナの経済問題を解決することはできても、イスラエルとパレスチナが仲良くすることはできないでしょう。イスラエル人が自分達を唯一神に選ばれた民だと固く信じている一方で、パレスチナ人が唯一の正しい神を信仰しているからです。旧約聖書とコーランの中身はほとんど同じですが、信仰している唯一神の呼び名が違うのです。

「我が思う、故に正しい」→精神を病む

精神を病むのは、自分の妄想を実在すると思うからです。

みんなが私の悪口を言っていると本気で思う。殺されそうだと、死ぬほど怯える。それで病院に行って麻薬を飲む羽目になるのです。そうしたら人生は終わり。

西洋医学は精神的な病を治せません。そもそも薬で治るものではありません。人間は「我が思う、故に正しい」と妄想すると、精神を病むのです。そこを解決すれば、簡単に治ります。「妄想＝精神的な病気」なので、「妄想がない＝精神的な病気がない」という図式です。治って当然です。しかし脳の機能的な障害はこの限りではありません。

あとで説明しますが、じつは①の実感「本が見えるから、本がある」というのも間違いです。「本が見える」ことは「本がある」ことの証拠にはなりません。でもそれでは喧嘩にはなりません。

しかし②の実感は危険です。あなたは「この本はちょっと面白くない」と思うかもしれませんが、それを口にすると喧嘩になる。ほかの人には面白くてたまらないかもしれないのですから。

感覚器官→情報を認識→「ある」と勘違い

身体には、「眼《げん》・耳《に》・鼻《び》・舌《ぜつ》・身《しん》」という五つの感覚器官、知るための窓口があります。これしかありません。よく覚えておいてください。

その窓口から「色《しき》・声《しょう》・香《こう》・味《み》・触《そく》」という情報を認識するのです。これが先の①です。

それから、見たもの、聞いたもの、嗅いだもの、味わったもの、触ったものを、「その通りにある」と勘違いするのです。これが先の②の実感です。

人間は、自分が見たもの、聞いたものを、実際にその通りだと思う。正しいと思う。しかしそれは大きな勘違いです。

イヌにも耳がありますから、音を聞くでしょう。聞こえる音を「ある」と思います。人間に聞こえない音もイヌには聞こえます。イヌはその音を聞いて怯えたりもしますが、人間にはそれは聞こえないから、なぜほえるのかがわからない。人間には「ある」と認識できなくても、イヌには「ある」のです。

人間にとってはカーテンでも、カーテンにとまった虫にとってはカーテンではないでしょう。

人間にとってはきれいな花でも、ミツバチにとってはただの餌場でしょう。

人間にとっての水と、魚にとっての水は違うでしょう。

コウモリは真っ暗な中をすごい速度で飛べます。音を出してそれを映像にするのです。コウモリは音を見ているのです。

一人の男がある女を「美人だ」と言ったところで、全員がそう思うわけがないでしょう。

自分があるラーメンを食べて美味しかったからといって、どうしてそれが「美味しい」といえるのですか？　ライオンに食べさせたらどうでしょうか？　ライオンにはあなたのほうが美味しいでしょう。

「変わるから知っている」が正しい

では、「情報」とは何でしょうか？

情報は変化なのです。テレビで流れるニュース、新聞の記事、噂話、そんな情報はすべて変化なのです。かりに過去も未来も、空が真っ青で、無風で、気温は常に二十度なら、天気予報が成立するでしょうか？　しませんね。これは変化から情報が生まれるからです。

「知る＝情報を得る」です。

つまり「変化→情報→知る」です。我々は「変わるから知っている」のです。「（変わらずに）あるから知っている」というのは、大きな間違いなのです。

ここまでは論理的に理解できますね。

ただし、ここからはブッダ（目覚めた人）の見方なので、感覚的に受け入れがたいと思います。

釈然としなければ、暗記するのはよい方法です。ある日ふと気づくかもしれません。

自分で理屈を補って納得すると間違いがちです。気をつけてください。

さて、「カーテンがあるから見える」というのは間違いです。本当は「カーテンが変わっているから見える」のです。

逆に、何の変化もない「常住たるもの（永遠不滅のもの）」は、情報を与えません。だから見えませんし、知ることはできません。「変化なし↓情報なし↓知ることができない」のです。

「花が変わるからこそ、私は花を見る」のです。花が永遠不滅で変化しないなら情報を送らないので、見ることはできません。

「花は黄色い」とはいえない

光のエネルギーが花に入ります。すると花びらが乾いたり、細胞が壊れたりします。花が変わったのです。

花を変えることで、光も変わります。エネルギーの量も変わるし、色も変わります。花に当たる光（直射光）と、花で跳ね返る光（反射光）は違いますね。直射光は太陽光の色でも、反射光は赤や黄や紫だったりします。

花から出た光が私の眼に入ると、目の神経細胞が反応します。私の体が変わったのです。

それから私に「花だ」という認識が生まれます。私の心が変わったのです。

花から光（反射光）が出ることで、花そのものも変わってしまいます。光が反射することは変化です。

そしてさらに、私がまぶたを開いたとたん、「眼に入る花＝花から出る光の一部」は、私の眼に触れて消えてしまう、変化してしまう。禅の語録もどきに表現するなら、「汝が花を見ると花は変わるのだ」ということになるでしょう。

私が花を見ると花は変わる。上述したように花を見る私も変わる。まぶたを開いて閉じる瞬間に、見ているものも見られているものも、めまぐるしく変化してしまうのです。私が花を見ても見なくても、花に光が当たるたび、花はずうっと変化しつづけます。

光は花に当たるだけではありません。壁にもカーテンにも、あなたの服にも当たっています。そこではさまざまな変化が起こっています。世界中そんな具合です。

音も同じです。音の振動が空気を動かして、さまざまなものに当たるとき、当たったものは変化してしまうのです。スピーカーなども、自分自身で変化しないと音という振動は生まれてきません。その振動の一部が、鼓膜に当たって消えると、我々は「音だ」と認識するのです。

世界は音で溢れています。ということは、音の振動が当たるすべてのものは変化する、ということです。要するに、世界中のすべてのものは、絶えず変化しつづけているのです。

ところで「花は黄色い」のでしょうか？

太陽の光では「黄」の花が、月の光では「白」かもしれません。では、蛍光灯ならどうですか？　赤い光ならどうですか？　色はころころと変わりますね。

私たちの眼には赤外線も紫外線も見えません。人間に見えない光が見える動物もいます。ですから「人間に見える花の色＝花の色」ではないのです。

もはや「花は黄色い」とはいえないのです。

「見る」ということは、こうして成り立っているのです。花はこんなにやすやすと変わるのです。「花が（変わらずに）ある」というのは大間違いです。錯覚です。


「変わるから見える」

「変わるから聞こえる」

「変わるから嗅げる」

「変わるから味わえる」

「変わるから体で感じる」

が正しいのです。

「ある」という錯覚→知識→役に立たない→失敗

我々が持っている「花が（変わらずに）ある」という認識は「錯覚」です。

この錯覚が「知る」ということになって、自分の「知識」となるのです。つまり、「ある」という錯覚→知る→知識です。

しかし花は変わり続けるので、知識は常に過去のものです。「花を知っている」といっても、その花はとっくに変わってしまっています。

したがって知識は過去のもので、役に立ちません。

だから知識をあてにすると、失敗するのです。

「知識と失敗に何の関係があるの？」「何が問題なの？」と思いますか？

あなたが一年前にAさんに会って、大喧嘩したとします。それで「Aさんは嫌な人だ」という知識が生まれます。それで久しぶりにAさんと会ったら、「あ、嫌な人と会ってしまった」と思うでしょう。

一年のうちに、Aさんは変わっているかもしれません。

けれどもあなたが「Aさんは嫌いだ」と思って接すると、Aさんは嫌な反応をするでしょう。

するとあなたは「やっぱりAさんは嫌な人だった」と思うのです。本当は自分のせいなのに。

このように「知識」が失敗を招くのです。

知識は錯覚の寄せ集め

「変化→知る」が正しいのです。

それなのに人間は「知る→ある」と錯覚してしまうのです。順序が逆だし、変化にも気づかないのです。

「知識」のひとかけらひとかけらには、こうした「花がある」「音がある」「人がいる」といった錯覚が入り込みます。この錯覚がすなわち「固定概念」です。

我々の知識は錯覚です。客観的な事実、真理ではありません。「知識がたくさん＝錯覚がたくさん」なのです。「知識、知識、知識」は「錯覚、錯覚、錯覚」なのです。

「知識＝錯覚」を集めて妄想する

我々の知識は錯覚です。それなのに、さらに知識を組み合わせて、さらにつなげた知識を構成します。当然、この知識も錯覚です。

「そこに花がある」というのでさえ間違いです。それなのに、我々は頭の中であらゆる間違った知識を組み合わせたり、合成したり、考えたりするのです。当然、ぜんぶ駄目です。

そのいい加減な知識を糧にして、私、自我、永遠不滅の魂、不死なる霊、とさらに妄想する。実体論、永遠論、常住論（ものごとは、また魂は、永遠不滅で変わらないという考え）などが現れる。

「私」というのは、いい加減な錯覚の合成です。だから仏教では「我はない」「無我だ」というのです。

同じ「仏教」でも、「お釈迦様は、我を否定したわけではない」と言う人々がいますが、それこそ錯覚です。

人間の知識は、変化しつづける世界の本来の状態、「お釈迦様がはじめて発見した真理」とは正反対です。間違っています。

だから苦しみと対立と矛盾が現れるのです。主義主張で争ったり、思想信条で戦ったりするのです。宗教戦争が起きるのです。誰もが好き勝手に妄想していて、誰もが「自分の知識こそ正しい」と思うのだから、対立するのは当たり前なのです。

花の色で喧嘩する、ご飯の味で喧嘩する、誰がきれいかで喧嘩する。どんな知識も対立の種になるのです。「主観」「錯覚のかけら」は、恐ろしいのです。

概念は無駄

かつてあるお坊さんは、川を流れる水の泡を見て、「私があるから見る」のではなくて、「変わるから見るのだ。すべてそうなのだ」と察して解脱しました。一切の概念を捨てました。

また、あるお坊さんは、お釈迦様から瞑想の手引きをもらって自分で熱心に瞑想したのですが、それでもうまくいかなかった。お釈迦様の指導が間違っているわけはないのですが、思い余って、これはもう一度、直接指導していただくしかないと歩き出しました。ところが途中で山火事が起きて身動きがとれない。それでそのお坊さんは、じっとその火を見ていたのですね。そして覚ったのです。修行を完成しました。お釈迦様には礼をするだけで終わりでした。

このようにじっと見ていると、ものごとはずっと変わりつづけるのだとわかるのです。

人間の「花だ」という認識のかけらは、「ある、実在する」という錯覚で汚染されています。

人は「目の前の花」より、「花という知識」を大事にするのです。「目の前の花」はずっと変わりつづけている、「花という知識」は変わらないのです。頭の中で、観念の世界で、固定化現象が生じるのです。固定しているのです。「無常」とまるっきり反対なのです。

しかし花を客観的に観察すると、変わっていく、停止しない、動的なものだと簡単にわかるのです。「花がきれいだ」とか「花が黄色い」とか、そんな固定概念を作るものではないのだ、とわかるものなのです。「概念は無駄だ」と。妄想しないで、余計なことを考えないで、いかに自分という現象が変化していくか、じっと感じるのです。

それでいまここで言ったことが「なるほどそういうことか!」とわかれば、それが「覚り」の境地なのです。

人間には「邪見」しかない

残念なことに、人は「ある」と認識するだけで、「流れ」を認識しません。「花はある」と認識するのですが、「花はずっと変わりつづけている」とは認識しないのです。

川の場合は、「川がある」と平気で思いますね。

しかし「あるわけがない」でしょう。川は絶えず流れていくでしょう。「これが川です」ということはないのです。だから川を見ても覚れるのです。難しくありません。水道の蛇口をひねっても、覚れるのです。いったん流れたら、永久的に水は戻らないでしょう。

どこを見ても、事実は、堂々と、じりじりとあるのです。それがどうして見えないのですか？

その理由は、人は「ものはある」と理解するからです。花を見たら「花がある」と平気で言ってしまう思考のせいなのです。「流れ」を「流れ」として認識できないのです。人間の思考は、「ある」と固定化して「知識」にしてしまう「固定化思考＝邪見」なのです。

固定化した知識は真理ではありません。ありのままの事実でもありません。錯覚です。勘違いです。間違いです。

覚っていない人にあるのは、「邪見」だけです。

「邪見を持ったら地獄行きです」とお釈迦様ははっきり言っています。

ここでいう「邪見」は、「常住論の極端な偏見」を指しています。

しかし我々も、無常を体験して覚りをひらいてはいないので、五十歩百歩です。安全ではありません。我々が地獄（自己を向上させられない不幸な生まれ）を免れるためには、柔軟な思考を持って、善行為をすることです。

一切は流動的です。ノンストップ。瞬間ですら停止しない。

これがブッダによって説かれた「無常」という聖なる真理です。

無常を理解するのは簡単ではありません。水道の水を見ても覚れる、無常がわかるというのは本当ですが、かなり踏ん張らないと理解できません。

「無常」は、堂々たる真理です。一切に共通する客観的な事実です。サクラの花が散って「やっぱり無常だ」という話では、まったくありません。無常は、人生そのものを引っくり返して、苦しみを完全になくして、解脱、覚りを体験させる真理なのです。

ブッダの言葉

Sabbe《サッベー》 saṅkhārā《サンカーラー》 aniccāti《アニッチャーティ》 yadā《ヤダー》 paññāya《パンニャーヤ》 passati;《パッサティ》
Atha《アタ》 nibbindati《ニッビンダティ》 dukkhe《ドゥッケー》 esa《エーサ》 maggo《マッゴー》 visuddhiyā.《ヴィスッディヤー》

(Dhammapada 277)

一切の現象は無常であると智慧によって知るならば、
苦（生きること）を諦める。これが清浄（解脱）への道である。

（ダンマパダ二七七偈）

第2章……それは「無常」ではありません

俗世間的真理は役に立たない

俗世間的真理と出世間的真理

「無常」は、日ごろからよく耳にする言葉です。その無常を、お釈迦様は「超越した真理」「聖なる真理」、パーリ語で「ariya《アリヤ》 sacca《サッチャ》 ＝聖なる真理」とおっしゃいました。

でも「無常」はよく耳にする単語ですから、皆さんが「変化なんて当たり前では？」「なぜ聖なる真理なの？」と思っても、自然なことです。

お釈迦様がわざわざ「聖なる」とした理由は何なのでしょうか？

この「ariya《アリヤ》」は「超越している」「一般人とは桁が違う」「品格が高い」という意味です。ちょっとやそっとでは使いません。この単語を使うからには、それ相応の理由があるのです。

これから真理について説明しますが、皆さんの頭の中にある「真理とはこんなものではないか」といった考えは、この際、きれいさっぱり忘れて聞いてください。仏教では「真理」を二種類に分けています。それぞれまったく性質が違います。

①俗世間的真理《ぞくせけんてきしんり》（**世俗諦《せぞくたい》**）

これはつまり、ただの知識、ただの概念です。我々の誰もが事実として認めているもの。学者が発見しているもの。先端の学者が発見した最新の事実も、この俗世間的真理に入ります。仏教からみれば「世間が正しいと考えるすべてのもの」は、ただの知識、ただの概念なのです。

②出世間的真理《しゅっせけんてきしんり》（**勝義諦《しょうぎたい》**）

お釈迦様が示した聖なる真理です。一切を貫く客観的な事実、世間の次元を越えた真理、一般の人も学者も知らない真理です。

俗世間的真理は、生命によってばらばら

俗世間的真理は、普通の生命が、それぞれの認識範囲の中で、理解するものです。人間はもちろん普通の生命です。人間は偉そうに自分達のことを特別だと思っていますが、勘違いもいいところです。仏教では、動物も人間も神々（精神的なレベルの生命）も普通の生命です。この点では同じです。

人間には、人間に見えるもの、聞こえるもの、味わえるものといった「ここまでなら知っているぞ」という認識範囲があります。音なら何でも聞こえるというわけではありません。人間には聞こえない音もあります。

すべての生命に同じことがいえます。ミミズにはミミズの、ハヤブサにはハヤブサの認識範囲があります。その認識範囲に入っていれば、それがその生命にとっての真理です。それぞれが「これが正しい」と思っています。

けれど自分にとって正しくても、ほかの生命には正しくありません。

私たちにとって東京は大都市で人間だらけですが、庭のミミズに「東京は人が多くて大変だね」と話しかけても、「人間？　そんなものいるの？」と言われるでしょう。

東京のカラスに同じ質問をしても、やっぱりチンプンカンプンです。カラスは「最近、ゴミが少なくて困る。人間はすごくケチだ」と思っていたりするでしょう。まるで我々とは話が合いません。見方が違います。

草はウシには美味しいものですが、人間には美味しくない。朝露に濡れたフレッシュな牧草を勧められても、ちょっと困りますね。

人間から見れば汚れがたまったキッチンの汚い裏側が、ゴキブリにとっては楽園です。あっちこっちに食べ物があって、暖かくて、狭くて、暗くて、湿気があって、ゴミが何年も同じところに置いてある素晴らしい棲みかです。

このように俗世間的真理は、生命によってばらばらなのです。あなたと私では、まるで違います。自分にとってだけ正しいのです。

にもかかわらず、私たちは自分が知っているものを唯一の事実だと思っています。「我が思う、故に正しい」と何の根拠もなく信じているのです。

それが多くのトラブルの原因になっています。ものすごい苦しみを、自分と他人に与えているのです。

私に正しくても、ミミズには正しくない。カラスにもウシにもゴキブリにも正しくない。あなたが「Aさんはひどい人だ」と思ったからといって、それが正しいということにはまったくならないのです。

俗世間的真理は、生命に自然にある知識

俗世間的真理を知るのに、特別な努力は必要ありません。生まれてきたら自然に身につくものです。

子育てに失敗する野生の動物はいません。ネコも野良イヌも、学校にも行かず、じつに立派に生きています。

俗世間的真理は、開発することが可能

知識は、開発することが可能です。人間はもちろんですが、動物にもある程度は可能です。

カラスだってけっこう賢いですよ。東京のカラスは山のカラスよりずっと賢いのです。イヌはドアを開けて部屋に入ってくることは覚えます。ドアを閉めることはイヌには必要がないから覚えません。芸として仕込むことは可能ですが、自分からは覚えないの

です。

ネコにエサの後片付けは覚えさせられません。好きなように食べて、さっさと遊びにいってしまいます。

つまり動物は必要な知識しか覚えないのですね。

その点、人間は必要のない知識もどんどん覚える変な生命です。

しかし人間が必死になって身につける知識は、本当に必要なのでしょうか？「生きているもの」として基本にかえって考えると、無駄が多いのではないでしょうか？

知識を増やすために、どれほど時間的な無駄が生じているか。知識のせいで、どれほど苦しんでいるか。受験で、会社で、そこまで勉強して苦しむ必要があるのでしょうか？

最たる例は哲学です。とびきり難しい学問ですが、必死に勉強しても、頭でっかちになるだけで、その挙句、まわりと仲良く生活できなくなってしまいます。家族と世間話もできなくなります。「スーパーで佐藤さんに会ったので、安売り情報を交換した」と奥さんが話しても、カントを知っている旦那さんには、馬鹿話にしか聞こえないのです。

生きていくには、カントよりトンカツのほうが大切です。「いつも三百円のトンカツが百五十円だったから二枚買った。二十枚限定で大変だった」と言う奥さんのほうが正しいのです。こういう知識は生きることに直結しています。カントより百五十円のトンカツのほうが、よほど重要なのです。「カント？　何それ」と言われても、仕方がないでしょう。

このように俗世間的真理は、生きることの役に立たないものが多いのです。

俗世間的真理には、「きり」がない

研究、探検、実験、考察、観察などで人間は「知る範囲」を増やしていきます。それによって俗世間的真理も変わり、発展します。十年前、五十一年前、百年前に「これは真理だから知っておくべきだ」とされたことも、いまでは相手にされません。

するとその新しい発見によって、いままで正しいとされていた事実は、「間違いでした」「不完全でした」ということになってしまいます。新しい事実によって、古い事実は何の躊躇もなく捨てられてしまいます。いまの真理も、来年には真理ではないかもしれません。

それなのに学者は、どうしてあんなに偉そうにしているのでしょうか？　私には、ころころ変わる真理を知っていることが賢いとは、どうしても思えないのですが。

ともかくこのように、俗世間的真理には「決着」がありません。

俗世間的真理は、新しいもの、新しいものへと変化します。「自分は真理、事実を知っているぞ」と自慢しても、明日には「間違っていました」と言わざるを得ない場合も出てきます。

子供が夢中になるものは、いまはこれ、としか答えようがありません。キックボードもヨーヨーも、あんなに流行ったのに、いまは見ませんね。

哲学も科学も同じです。「これだけ知っておけば大丈夫。これで終わり」ということは、ないのです。真理を求めて俗世間的真理を追い求める人は、無限に真理を探し求め続けなくてはならない羽目に陥ります。知識的に決着にいたらず亡くなることになります。

しかし、そもそもかつての知識が現在間違っているのなら、現在の知識もまた、将来には間違っているのです。「現在の知識だけは、この先ずっと正しい」ということは、あり得ません。

ということは、我々は永久に間違った知識で生きているのです。

だから、そんな知識は、捨てても何の問題もありません。将来の人に「大間違いですね」と言われる知識に、執着することはないでしょう。

しかし奥さんが買い物の知識を捨ててしまうと、大変です。どこで安いものを手に入れるのか、良い品物と悪い品物をどうやって区別するのか、美味しい肉ジャガをどうやって作るのか、そういった知識は生きるのに必要です。カントのことは知らなくてもまったく問題ありません。

俗世間的真理が、「苦しみ」を実現する

俗世間的真理とは、つまり「知識」です。

知識には役に立つ面もある一方で、悪い面もあります。知識のせいで苦しむのです。時間がない、余裕がない、ストレスを抱え込んでいる、怯えている、現状に不満がある、将来に不安がある。それは知識のせいなのです。

酒屋さんの組合が作る年金資金のお金が、組合に勤めている人に横領されて一円も戻らない、という事件がありました。そういうシステムも知識で作ったのです。管理する人の知識がいい加減で、加入者のお金を自分のお金だと誤解する。適格のない人をそのポストに配置したのも、知識が間違っていたからです。

一千万円の個人の借金は死んでも返せと責められますが、企業に対する百億円の債権

放棄はよく聞く話です。そんな経済システムはろくなものではありません。

世界中そんな具合なのです。

政治システムもある。法律もある。裁判所も警察もあります。良いところもあるのですが、ひどく迷惑なこともしているのです。科学が発展して良いこともあるのですが、成果の大半は危険につながっているのです。

大量破壊、大量殺人。それを可能にしているのは、科学者が作った武器です。頭のいい科学者が精密な爆弾を開発しなければ、自爆テロも実現不可能なのです。何の楽しみも知らない若者に暗示をかけて、死ねば天国に行けると信じ込ませる。爆弾を腹に巻いて、ボタンを押せと教える。けれど、実行犯を監視する人が携帯電話で番号を押せば遠隔操作で爆発するので、実行犯がボタンを押す必要すらないのです。途中で実行犯が怖気づいても、逃げることすらできません。そういう「よくできた技術」を考えるのは、「頭のいい」科学者連中なのです。

俗世間的真理は、その場しのぎ

俗世間的真理には、きりがありません。

贅沢したいから子供を作らない。一時的には楽ですが、歳をとったらどうするのでしょうか？

金を無駄遣いしたくないからと、社員の首をどんどん切るから、仕事のない人が増える。会社が倒産しないですむ一方で、巨大な問題が起きているのです。食べられない家族が、増えていくのです。

高齢化社会なら、働ける限り働いてもらえば良いのではないですか。働けなくなったらすぐに死ぬでしょう。しかしそれも駄目なのだそうです。

人間は、問題を解決できないのです。間違うばかりです。仏教からいえば、「どうせ間違うのだから、さっさと結論を出せばいい」ということになります。

日本では憲法改正の議論に二十五年もかけている。どうせ間違うのだから、二カ月か三カ月で結論を出せばいいのです。間違っていたらまた変えればいいでしょう。どうせ間違うのだから、早くやればいいのです。トウガラシが辛いという人にはコショウを食べさせる。コショウが辛いならショウガを、ショウガが辛いならワサビを食べさせる。

そんなものです。口にするものは変わっても、不都合、不完全、不満足という状況はたいして変わらないのです。

俗世間的真理に、道徳的な目的はない

俗世間的真理は、ただの知識です。知識を得ることに、道徳的な目的はありません。知識は、ただ増やすだけです。良い人間になろう。みんなのためになろう。そういう目的はないのです。自分だけ特別な人間になるために知識を増やすのです。

世間でも「平和、調和、道徳」などと、もっともらしく語りますが、たいてい方便です。誰かのメリットを隠蔽するために使われるだけです。「本当の道徳」、つまり「誰もが幸せに生きるために役立つもの」ではありません。

宇宙船や飛行機は作りますが、地球を守る、生命のためになる、そういうことには関心がないのです。

石油を燃やすことは考えても、それでどうなるかは考えません。石油を使わない車は儲からないから、本気で開発しようとはしない。日本がアメリカにあげているお金を少し回せば、各国がお金を出せば、すぐにできる技術レベルなのに。そうすれば、日本は中東にペコペコ頭を下げる必要も、テロに怯える必要もないのですよ。

知識を重視する世間に、道徳はひとかけらもありません。「精密な破壊兵器を作るな

んて、もってのほかだ」「悪い人の手に渡っては危険だから、武器開発につながる論文を書いてはいけない」。そういうふうには考えないのです。「平和が大事」「調和が大切」「学校の子供に道徳を教えなくてはならない」。そんな声が聞こえることもあります。

ただしそう言うときは、何か大きなトラブルが起きたときなのです。平穏無事が面白くないと、子供たちが大胆なことを始める。イライラして、スプレーでいたるところに落書きをしたりする。立派な建物もおかまいなしです。すると大人は、それが迷惑だから、子供に道徳を語ったりするのです。

つまり「道徳が大切だから」ではなくて、落書きが迷惑だから道徳を語るのです。自分の身の回りを守りたいだけなのです。「法律を守れ」と言うのも、法律を破られると自分たちに迷惑だからなのです。

人間の語る道徳に「根拠」はありません。その場の気分で「迷惑だからやめてくれ」「それは私のものだから駄目だ」などと言っているだけです。

俗世間的真理では、人格は向上しない

俗世間的真理は、ただの知識です。

知識をいくら開発しても、人の性格は向上しません。知識をいくら身につけても、だらしない人はずっとだらしないままです。知識で人格は磨かれないのです。

我々は昔と同じ「ただの人間」です。一万年前の人間と我々は、まったく同じです。着ている服や髪形、食べているものが違っているくらいで、基本は同じです。同じように悩み、同じように笑い、同じように怒っているのです。我々は、べつに昔の人には想像もつかないようなことをしているわけではないのです。つまり人間は、何の進歩もしていないのです。

むしろ昔は、子供が子供を殺すことも、子供が大人を殺すことも、大人が子供を殺すことも滅多にありませんでした。いまは昔より悪くなっているのです。

いまも昔も人間は苦しんでいるのです。そこから抜け出したい、向上したいのです。それで闇雲に知識に飛びつくのです。けれど知識がいくらあっても、人間の心は清らかになりません。知識では「真の向上」は得られないのです。

世間の知識のこうした問題点が、仏教には気になるのです。それは仏教が、人間の根本的な改善を目指すプログラムだからです。

俗世間的真理には、悪い特色が目立つ

知識のあるなしにかかわらず、立派な人間として生きることは可能です。とくに勉強をしていなくても、立派な人はたくさんいます。品格が高くて、謙虚で、自分のことは自分でする。人に迷惑をかけない。単純で人の役に立つ仕事に就いている。そういう人はけっこういるものです。仏教の尺度からいえば、そういう人こそが立派なのです。

逆に知識人といわれる人が、けっこうひどいことをするのです。汚職をする、賄賂をもらう、法律を破る、逮捕されても逃げる、個人的な影響力を駆使して判決をねじ曲げる。刑務所に入れられそうになったら、医者から健康状態が悪いという診断書をもらって引きこもる。そんなことがよくあるでしょう。

このように世間の知識の次元には、悪い特色だけが目立つのです。

問題は乏しい観察力

聖なる真理は、人を覚りに押し上げる

出世間的真理、聖なる真理には、長所しかありません。

①人格が向上する

知れば知るほど、より良い人間になります。

②心の汚れがなくなる

出世間的真理を知ると、心が清らかになります。怒りが消えていく、欲が減っていく、ストレスがなくなる、心が平和になる、競争心が消える、人と仲良くできるようになるのです。

俗世間の知識を覚えるのは精神的苦痛です。ですから研究者にでもなると大変です。同僚に情報を盗まれたりもするのです。我慢が必要で、怒り、憎しみに苛まれる暮らしです。

③悪いことができない人間になる

④社会の幸・不幸の変動に動揺しない人間になる

世界にはあらゆる変化が起きます。自然現象に絞っても、地震、台風、洪水、雪崩、地滑りなど、さまざまなことがあり、我々はいつも動揺し、怯えています。

しかし心配しても仕方がありません。どうしようもないのですから。出世間的真理を知っている人はそのことを知っているので、変化にあまり動揺しません。冷静です。

⑤生きる苦しみがなくなる

これはすべての生命が望んでいることですね。

⑥知識探求に決着がつく

「知り得るものはすべて知り終えた」と決着がつきます。俗世間的な知識をいくら得ても到達不可能な境地です。

「智慧」とは、「間違っていない」ことです。

「厭離」とは、「欲や怒りから離れる」ことです。

つまりブッダは「世の中で人が発見する事実をいくら勉強しても、人格は向上しない」とおっしゃったのです。

これとは逆に、聖なる真理、出世間的真理は、俗世間の次元を破る、涅槃、覚り、解脱に押し上げる真理です。

ブッダの言葉

Na《ナ》 abhisāmāya《アビサーマーヤ》, na《ナ》 nibbidāya《ニッビダーヤ》, na《ナ》 virāgāya《ヴィラーガーヤ》, na《ナ》 nibbānāya《ニッバーナーヤ》 saṃvattati《サンワッタティ》.

（俗世間的な真理では）智慧に、厭離《おんり》に、無執着に、涅槃《ねはん》に赴くものになりません。

無常を知っているなら、完全な人格者

ブッダは「無常は聖なる真理」と言いました。そこで、聖なる真理の特徴をリストアップしました。

しかし逆に、混乱したのではないですか？「誰もが知っている無常のどこが、聖なる真理なの？」「無常がそんなすごいものとは思えないのだけど？」と。

答えは存外簡単です。

つまり「ブッダの無常」と「誰もが知っている無常」はまったく別物なのです。

さらに言えば、あなたの知っている無常は、ただの感情です。

仏教の無常・変化論は誰でも知っている当たり前の話ではありません。ブッダの無常は、人格を抜本的に改革する真理なのです。

人格を抜本的に改革して完全なる人格者になっているのなら、「ブッダの無常を知っています」と言ってもよいのです。

しかし普通の人は、無常を知りません。

無常を知っているか否かは、簡単に確認できます。

無常を知っているなら、完全な人格者になっているはずです。性格が「だらしがない」なら、その人が知っている無常とやらは、何かの感情、主観にすぎない、ということになります。

ときどき「お釈迦様の話は、誰にでも理解できる普通の話だ。頭の悪い人に向けて語っているのではないか」という人々がいます。

しかしそういう人のほうが、よほど頭が悪いのです。人格が完成される真理をブッダが語っていると、わからないのですからね。

世間の無常は、個人の感情

世間の無常は、変化に対する主観、感情です。変化を客観的に観察するものではありません。

嫌な状況なら、変わることを期待する。良い状況に変わると喜ぶ。

良い状況なら、変化させまいと踏ん張る。嫌な状況に変わると悲しむ。

誰もが主観的で、感情的で、自分勝手なのです。

「サクラが散ると、はかない」「無常だなぁ」「世界は変わってしまうものだ」と感想を口にする。何かの変化をとらえて、「ちょっと悲しい」と言うのです。

自分の職場に入った人が嫌いで、「出ていってくれないか」と思う。そこでその人が転勤になったら、舞い上がって喜ぶのです。子供の病気が良くなったら喜ぶ一方で、お姑さんが病気になっても喜ぶかもしれません。

自分に都合の良い変化だけ期待する

期待している変化は、立場、生命によって違います。普遍的ではありません。私には変わってほしいものが、隣の人にはそうではない。あなたが「変わってよかった」と思うものが、ほかの生命にはとんだ迷惑かもしれません。

一部の生命には良い変化も、一部の生命には悪い変化です。

漁師は大漁で喜びますが、魚には最悪の事態です。

戦争では、敵を大量に殺したと喜ぶ人がいる一方、仲間を殺された人が嘆き悲しむのです。

戦争で自分の仕事が増えたら、「戦争が起きてよかった」と平気で言う人までいるでしょう。

地震で家が崩壊したら、住んでいる人は悲惨です。しかし地震からの復興では儲かる人も出てきます。それまで仕事がなくて困っていても、土木建築業に仕事が殺到することになるのですね。

以前、クリスマスになると、原宿の表参道の並木をイルミネーションで飾りつけていました。あまりにも見事なので見物客が大挙して押し寄せたのですが、道路は渋滞するわ、ゴミを捨てるわ、トイレを勝手に使うわで、周辺住民は大迷惑。結局、取りやめになりました。客商売の人と見物する人には楽しくても、周辺住民には嫌だったのです。

誰もが、都合の良い変化を歓迎する一方で、都合の悪い変化は毛嫌いします。

商売が繁盛すると喜ぶ。不景気は絶対に嫌がる。

摂取する栄養で体が成長することを期待する一方で、摂取した栄養で癌細胞が成長することに怯える。

大人にはなりたいのに、老いるのは嫌がる。「大人になること」と「老いること」は同じことなのに。

敵の死を喜び、親しい人の死は決して認めない。親しい人が死ぬと、不公平なこと、あってはならないことが起きたという態度をとる。

幼い我が子の成長は大いに喜びます。成長が早ければ早いほど楽しい。よその子供より早く喋りはじめた。もう歩くようになった。一歳半で本を読むようになった。そんな具合に、無常が、変化が早いと喜ぶのです。

しかし同じ我が子があっという間に思春期になって、暴力を振るったり、逆らったり、家出をしたりすると、嫌がる、悲しむ。元の状態に戻ってほしいと期待する。

このように世間では、変化、無常を、主観的、感情的に、自分勝手に評価しています。客観的でも普遍的でもありません。

つまり人間は、世の中が自分に都合良く変化してほしいと願っているだけなのです。あり得ないことを望んでいるのです。

無常は「観察」によってわかるもの

世間一般の無常は、杜撰《ずさん》な観察のたまものです。自分の都合で無常の一部だけを見て、「これが無常だ」「無常のことなら知っていますよ」と言っているのです。ゾウの尻尾だけを見て、「ゾウのことなら何でも知っています」と言うようなものです。全体を見ないのです。

問題は「乏しい観察力」です。

「無常＝事実」です。「事実＝観察によって発見するもの」です。したがって「無常＝観察して発見するもの」です。観察によって「変わっているのだ」とわかるのです。無常は、研究して発見するものでも、読んで理解するものでもありません。ですから観察力の乏しさは致命的です。

一般社会の観察は、感情的で観察力に乏しいものです。映画館に入ったらスクリーンしか見ませんが、映画館の外でも似たようなものです。

サクラの満開や秋の紅葉などには興味がある。観察もする。それで「無常を感じる」と言ったりもする。

しかしそれで自然を観察したことにはなりません。路肩で枯れゆく雑草は見ないのですからね。あまりにも身勝手なのです。好きなところで、好きなものを、勝手気ままに観察しているだけです。それにもかかわらず全体を語るのです。

無常を語る文化が根付いているから日本人は無常をよく知っているかというと、そうではありません。やはり観察能力が乏しくて、無常の一部だけを好きなようにハイライトしているのです。

変化に気づいたときは手遅れ

人間には観察能力があるのですが、どうにも能力が低くて、無常、変化に気づくのが遅すぎます。子供の成長にも、会社の経済状態にも、世界の変動にもきちんと気づきません。無常に気づいたときには、すでに危機的な状態になってしまっているのです。子供の様子が少しおかしいと気づいたら、「学校で何かあったの？」と聞くこともできます。

花瓶の花の様子がおかしいと二日目に気づいたら、枯れること自体は避けようがないにしても、水を換える、栄養剤を入れるなどの手を打つことができるでしょう。しかしたいていの場合、花瓶に入れて毎日見ている花であろうとも、枯れたと気づくのに一週間もかかるのです。花は絶えず変わっています。事実としては、「花は常に枯れている」のです。人間は鈍感なので、その変化に気づかないのです。

会社であっても同じです。一日一日と悪くなる経済状態があるのに、自分に都合良く「大丈夫だ」と思い込むのです。そうやって会社が倒産寸前になったところで、杜撰な会計管理に気づいたりする。それではもう遅いのです。「失敗を待っているの？」と思うほどのんびりしているのです。

異国の不公平な政治に気づくのは、二十万人以上の一般人が殺されてからです。カンボジアのポル・ポト政権による大虐殺に、アメリカ、日本などの政府が気づくのにどれほどの時間がかかったか。それまでポル・ポトを応援していたのです。頭が悪すぎます。

国が赤字大国になってから公の無駄遣いを管理したほうがよいと思う。少しずつの節約でなんとかなる段階では手を打たずにやりたい放題で、どうしようもなくなってから動くのです。

「そんなことは知っていました」と言うのかもしれません。

しかしそれは、せいぜい「そういえば視野の隅のほうでチラチラしていたかもしれない」という話です。気づいていたとは言えません。「チラチラしていた」ではなくて、ちゃんと焦点を合わせて観察するべきなのです。そして手遅れにならないうちに、手を打つべきなのです。

とにかく気づくのがあまりにも遅すぎます。人間が気づく変化、無常は、あまりにもレベルが低いのです。失敗は約束されたようなものです。

「無常だから楽しい」に気づかない

音楽、芸術などは変化、無常によって成り立っています。人は無常を楽しんでいるのです。ところが、そのときには無常に気づいていないのです。

音楽とは、一定の速度で経過する時間に乗って違う音を出すことです。ちょうどいい瞬間にちょうどいい音が出てこないと、良い音楽になりません。一つの「ド」のキーには無数の「ド」の音がありますが、優れたピアニストは、意図する「ド」を、意図したタイミングで選び取るのです。これは瞬間瞬間、無常と向き合っているからできることです。とはいっても、ピアニストに無常がわかっているわけではありません。覚えたメロディを確認して聴いた気になっている側より、観察能力が鋭いだけです。

歴史ドラマでは、生まれて、十四歳で養子になって、大名になって、戦を勝ち抜いて、老いて不遇のうちに死ぬ、といった五十年の歴史を、二時間半の番組に仕立て上げています。作る側は視聴者をテレビに釘付けにするために、時間の流れと変化に細心の注意を払います。「この場面には十秒必要だ」「この場面はすぐに入れ替えなければ」という具合に工夫を凝らす。主人公が養子になるまでの十四年間を、わずか一分以内でまとめたりもする。しかしそれでも、無常はわかっていないのです。

あるいは歌舞伎。話の筋はくだらないものです。役者は、にらむ、出て行く、それを何回も繰り返す。ところがそれに観客は感動するのです。

こうしたことは、変化、無常の流れを計算したうえで成り立っているのです。ですから鋭い観察能力がないと、芸術家にはなれません。ピアニストや映画監督には、誰もがなれるわけではないのです。

幸福を与える無常が無視される

無常でなければ日常の楽しみ、喜び、幸福などは何一つも成り立ちません。楽しみも幸福も、すべて無常のおかげなのです。

それなのに我々は、無常という原因を無視して、楽しみ、幸福という結果だけを喜ぶのです。

花が咲くことも、豊作になることも無常の働きです。

お腹が空くのも無常のおかげです。お腹が空くからご飯が美味しいのです。無常だから、瞬間瞬間に味や歯ごたえの感覚があって、食べる楽しみも、食べたあとの満足も成り立つのです。食べても食べても感覚が変わらなかったら、食事は楽しくも何ともありません。

男女を問わず、ほとんどの人が一番の楽しみを感じるものがあります。それは「子育て」です。子育ての楽しみは、毎日の変化です。子育てでは「次」に何が起こるか、まるで見当がつかないのです。小さな子供は、朝、起きる時間も、起きたときの機嫌も、毎日違います。その変化を見て楽しむ以上に、人間に楽しいことはありません。

皆さんは「あれもこれも楽しい」というようなことを言いますが、子育て以上に強烈な楽しみは、人間にはないのです。子供はとにかく変化が激しい。しかもどんな変化をしても、子供はやっぱりかわいい。

先日、住んでいる建物の廊下を歩いていると、ある子供が私を見て、何やら感動したらしくて慌てて走ってきて、とにかく「こんにちは」とかなんとか言いました。

私も何か話そうかと、「ご飯は食べたの?」と聞きました。それで、うなずいたのかな?と思ったら、もう走って自分の家に入ってしまいました。とにかく忙しくしているのです。

で、二、三秒後に、ものすごい泣き声が聞こえてきた。もう誰かが殺されたみたいな感じです。その子は、自分の家に来ていたお客さんが、玄関を出てエレベーターに乗ったのを見て、それが嫌で、泣いたのです。お母さんはひとまずその子を抱っこして、あらあらという具合にあやしていました。私は、そんなものだよ、とお母さんに目配せしたのですが、子供はやっぱりかわいいですね。

こんな具合に笑っていた子供が一瞬あとに泣いている、寝ていた子供が、ある日、突如として立つ。大人にしてみれば、そういうのが楽しいのです。子育てで味わう喜びは、「変わること」なのです。変化は人間の楽しみなのです。幸せは変化によって成り立つのです。

ところが幸福なときは、我々は無常を無視するのです。

子供が赤ん坊のときに、「変わるからよかった」「変わるからよかった」と気づいていれば、思春期に親離れしていくときの変化にも動揺しないのですよ。

赤ん坊だと「変わるからうれしい」のに、どうして思春期だと「変わるから嫌」なのですか？　これは矛盾ではないのですか？

森で迷って夜になったからといって、トラの巣穴にもぐりこんで眠るのは賢明ではありません。夜行性のトラは狩りに出ているだけで、朝になったら巣に戻るのですからね。寝ている間は都合のよい夢を見られても、目が覚めて現実に戻ると無常という現実に直面するのです。現実を忘れては現実に幸せになることはできないのですから、無常を忘れるべきではないのです。

無常を妄想して楽しむ愚かさ

人間は、実際に起きたら絶対に嫌がる変化も、妄想の世界で楽しもうとします。本当に起きたらとんでもない危険なことでさえ、平気で妄想して楽しむのです。楽しむためなら何でもするのです。刺激があれば何でもいいのです。

物語、映画などの世界で、最大のスケールの破壊、戦争、地球全体の破滅、殺戮、大量殺人などを楽しむ。実際に起きたら大変ですよ。『エイリアン』『スター・ウォーズ』『007』？ 冗談じゃないでしょう。

アメリカと日本の映画では、たった一人が、殺して殺して殺して、でもその人だけは何があっても死なない。そうでなければ、人間としてだらしがない、とでも言いたい雰囲気です。どちらから学んだのかわかりませんが、日本の時代劇も同じです。

『ディープ・インパクト』という映画では、隕石が地球に落ちてきて大災害が起こるのですが、あれを観て「すごく感動しました」という人がいます。どういうことでしょうか？ 頭がおかしいですよ。そんなこと、実際にあったら大変ですよ。

映画館で、完全無欠の銀行強盗を喜んで、応援しながら観て、家に帰って鍵を掛け忘れたことに恐怖を感じる。相手は銀行強盗ですよ。それでも応援するのなら、鍵を掛けないで玄関も窓も開けて外出したらどうですか。

自分を含めて全体的に見ていない

一般社会で知っている、語っている無常、変化の概念は、すべて妄想にすぎません。満開だったサクラが、三日後には散っていた。それを「無常だ」と言う人がいますが、それはただの主観です。無常を知ったかぶりしているのですが、偽物です。

俗世間では「固定した自分」という土台、前提に基づいて、「外は無常」だと発見します。つまり、まず前提として「変わらない自分」がいるのです。たとえば「変わらない自分」が散っていく花を見て、「あぁ、はかない」と感じ入る。朝、咲いていた花が昼にしぼんでいて「やっぱり無常だ」「やっぱり日本の文化だ」「俳句で無常を語ってみよう」と思いつく。

本当は「何もかも変わっている」のです。変わったのは花だけではありません。陽の射し方が変わっている。植物は一日の仕事をして疲れている。自分も疲れているのです。

花を見て無常を感じたのは、本人がそのように疲れているからです。それに気づかない。自分を含めて全体的に見ていない。だから俳句で外の世界の無常を語っても、真に無常を語ったことにはならないのです。

我々は、自分の無常に徹底的に逆らうのです。歳をとること、疲れること、お腹が空くこと。観察能力が乏しいので、自分の無常に気づくときには遅いのです。すでにガンは進行してしまっているのです。

人は流れる川を観察する。水の流れで、泡が現れて弾けていくことを観察する。自分も変わっているのだと理解する人も、たまにはいます。十万人に一人くらいでしょうか？

それ以外の愚か者は、「きれいだ」「落ち着く」「風情がある」などと喜ぶだけです。自分自身の無常には気づかない。自分も同じスピードで変化していくものだという事実に、気づくことができない。

では、自分も変化していくと気づくことができた人には、川はどのように見えるのでしょうか？

それは通常の人間とは別の世界です。

その人は、瞬間瞬間、別の人です。川も自分も同じスピードで変化しつづけることを知るその人は、川も「川だ」と認識できない。認識のレベルが、ほかの人とまるで違います。言葉は存在しません。人に語ることもできません。それが覚りの世界なのです。

「絶え間ない変化」が見えない

ものごとは一定のスピードで絶えず変化しています。人はこのことに気づかず、変化の「点」と「点」を捉えて、その間をざっくりと「時間」と呼んでいるのです。

そのため世間一般の変化、無常は、時間がばらばらです。建てた家が住みにくくなるまでの時間、煮物が腐るまでの時間、自分を年寄りだと感じるまでの時間、生けた花が枯れるまでの時間という具合に。

煮物を作り置きしておくとします。冷蔵庫に入れても、二週間も経つと腐って食べられなくなります。「食べられる煮物」が「食べられない煮物」になったのです。それで我々は「変わってしまった」と言います。我々は、二つの状態を単純に比較しているにすぎないのです。

何歳から自分を年寄りと判断するか、一人一人違います。ある人は五十歳で、ある人は七十歳で、自分を年寄りだと思う。しかしある人は九十歳でも年寄りとは思わない。

これはもう、ただの個人的な感想にすぎません。

ある部屋に十本の切り花があるとします。五人に順に部屋に入ってもらって、「新鮮な花」と「枯れた花」に分類させるとどうなるでしょうか？　同じように分類するでしょうか？　きっとばらばらですね。ある人が新鮮と評価する花を、別の人は枯れていると評価する。ある人は新鮮なのは一本だけだと言い、別な人は新鮮なのは三本だと言う。変化の評価が主観的なのです。

こうした無常の見方は、事実とかけ離れています。

実際には、煮物は作り終えたときから刻々と同じスピードで変化しています。生まれ落ちた瞬間から絶え間なく老いてゆくことが人生です。花は常に枯れていくのです。

しかし、そうした絶え間ない変化、無常を、我々は見ないのです。見方が、どうしようもなく雑なのです。怠けています。ひどく主観的です。論理的ではありません。

無常に拠って立つ世界

世間の無常は妄想のかたまり

人は勝手気ままに「現象がある」と妄想します。「『若い』という現象があった」と妄想します。それと比較して「『年寄り』というのはこんな現象である」と妄想する。そして「自分には年寄りという現象がない」と判断して、「私は年寄りではありません」と言うのです。九十歳であろうとお構いなしです。

各人が妄想した現象を比較して「変わってしまった」などと感じ入るのが世間の無常です。したがって世間の無常は、妄想のかたまりです。一人一人の無常観は違っていて、客観性も普遍性もありません。

ブッダは物質のレベルで無常を語る

人間は妄想のかたまりです。だからブッダが発見した客観的な事実としての無常は、いまだにほかの誰からも語られていないのです。

仏教では、物質は同じスピードで変化していくというのです。これが仏教的な立場です。

仏教では、物質は「地《ち》・水《すい》・火《か》・風《ふう》」という四つの異なる性質のエネルギーから成り立っていると説きます。

「地」は「質量をつくるエネルギー」、
「水」は「素粒子を引っぱる、まとめるエネルギー」、
「火」は「熱によって形象を変化させるエネルギー」、
「風」は「引き離すエネルギー」です。

植物も「地・水・火・風」、崖も石も「地・水・火・風」です。太陽も、宇宙も「地・水・火・風」でできています。組み合わせ方が違うために性質が違っているのです。

「地・水・火・風」は同じスピードで変化しています。だから植物も太陽も宇宙も、一

瞬たりともストップすることなく同じ速度で変化しているのです。とても科学的な考え方でしょう。

しかし一般世界はこの考え方に反対するのです。

草木と草木の生えている崖が同じスピードで変化するわけはない。草木は毎年変わるけれど、崖は何百年、何千年も前からあるのだ、と。

世間が見ているのは「現象」です。物質のレベルで見ていないのです。

すべての物質は光の速度で変化する

すべての物質は地・水・火・風のエネルギーで構成されていて、光のスピードで変化しています。

光も物質です。光は別の現象に変わらないので、いつでも自分のスピードを持っています。それは一秒間に地球を約七周半する速さです。いろいろな物を通るときには光もスピードを落としますが、いずれにしてもとても速いのです。

電灯のスイッチを入れたら、一瞬で光がつきますね。その一瞬が、電灯から光が発せられて、光と認識されるまでの時間です。

こんなにも速い光のスピードで、すべての物質は変化しています。花だ、山だ、川だと「現象」を見ている限り、このことに気づくはずがありません。

心は物質より速く変化する

生命の心も変化します。あなたの心は、一瞬として同じではありませんね。感情が変わる、認識が変わる、考えが変わるでしょう。そのようにしてすべての生命の心は、同じスピードで変化しているのです。人間の心も、ゴキブリの心も、同じスピードで変化しているのです。

物質は光の速度で変化しますが、生命の心はそれよりはるかに速く変化します。つまりすべての生命の心は、光より速く変化するのです。「そんなに速いとは信じられない」と思うでしょうけれど、瞑想によって観察する能力が極限まで高まるとわかります。

こうした物質と心の変化こそが、真理たる無常なのです。

水晶玉とシャボン玉

人間は、好き勝手に無常の一部をハイライトして現象を妄想して、ある現象に「早く変わってくれ」、ある現象に「変わらないでそのままでいてくれ」と希望、願望しています。

しかし「早く変わってくれ」と頼んでも、「そのまま変わらないでいてくれ」と頼んでも、変化の速さは一定です。事実として絶えず変わるのだから執着しても無駄です。だから「希望する者、願望する者は、愚か者である」とブッダは言うのです。

それをわかってほしいのです。「執着しても無駄だ」「すべて絶えず瞬時に変化するのだ」と。そのようにして本当の無常がわかると、執着がなくなります。執着することが不可能になります。愚かな俗世間の次元から抜け出ることができるのです。

それはこういう理屈です。

ここにきれいな水晶玉とシャボン玉があります。

どちらか好きな方をあげると言われたら、どちらを選びますか？

水晶玉を選ぶでしょう。シャボン玉には執着しませんが、水晶玉には執着するでしょう？

それは水晶玉はすぐには壊れない、無常ではない、と思っているからなのです。本当の無常がわかっていないからなのです。

では、万物は瞬時に変化すると知ったら、本物の無常を知ったら、どうでしょう。水晶玉もシャボン玉も同じように無常なので、執着できないでしょう。

それがブッダの世界の真理なのです。

自我は成り立たない

自分も含め一切が同じスピードで変化しています。物質が変化する。自分の体も変化する。心（認識する機能）も変化するのです。したがって「見るもの」「見られるもの」というのは、成り立ちません。主体と客体の区別などありません。これを体験していくと、「自我がある」という妄想概念は消えてしまうのです。

花を見る、その瞬間に心が変わった。体もまた光のスピードで変わっている。花も光のスピードで変わっている。次に「きれいな花だ」と思う。そのときはもう、別人なのです。「きれい」と感じた花も、すでにありません。もう一度見て「きれい」と感じたとしても、それは別の花に対する反応です。

私は花を見る。その私がなくなって、別な私が「きれいな花だ」と思う。別な私がその感覚を喜ぶのです。

「これはバラの花です」という認識にいたるまでには、たくさんの認識単位を経ています。目を開けた瞬間は、目に触れた光の情報によって、「何かが触れた」ぐらいしか認識しない。それから順番に「触れたものは何ですか」云々と認識が流れていって、やっと「バラの花」という認識になるのです。

こうした心の変化の速さは、光の変化の速さの十七倍です。光の速さで変化する花を、光の十七倍の速さで変化する心が知るのです。

存在する＝無常である

「存在する」「在る」「有る」「いる」などの本来の意味は、「変わっていく」「一時的」「無常」ということです。

「生きる」とは何ですか？「呼吸する」「ご飯を食べる」「食べたものを消化する」。そういうことでしょう。すべて変わることでしょう。一回息を吐けば、次には別な空気を吸うでしょう。違う空気を吸っているのだから、もう別な人間なのです。本を見て心が変わる。カーテンを見て心が変わる。生きること＝無常、存在＝無常なのです。これが仏教しか発見していない真理です。

無常でなければ、自分も他人も世界も宇宙も、神も、何一つもあること、存在することは不可能です。

「永遠不滅」は極端な妄想で、実在しません。

無常であることが存在です。無常が存在です。

誰も「永遠不滅の魂」を発見したことはないのに、それを疑おうとしません。知識人といわれる人が「存在は一定した変わらないものだ」と平気で言うのです。「一定した変わらないもの」を発見していないのに、どうしてそんなことが言えるのですか？　彼らは何も見ていません。

ブッダの教えを、農民や、召使いの子は、すぐに理解するのです。カントに詳しい旦那さんよりも、今日のスーパーの特売品を知っている奥さんのほうが、頭が良いのです。現実を見て、知って、正しい目的のために行動しているのです。その人が家を守っているのです。人の命を助けているのです。そういう人には、「超」がつくほど難しいブッダの世界も理解できるのです。

知識は無智の同義語

知識は相対的で主観的

「長いもの」がなければ、「短いもの」は成り立ちません。つまり「長い」「短い」という知識は、「もの」と「もの」を比較することで生じるのです。

科学の知識もこれと同じです。植物の研究なら植物の違いを見るのです。虫の研究をするなら虫と虫の違いを見るのです。「この虫はほかの虫とどう違うのか」と。何と比較するかによって、知識は変わります。だから一切の知識は相対的で、いい加減なのです。

その比較の基準は主観です。「こちらが長い」「こちらは短い」と主観で判断するのです。すると知識は、さらにねじ曲がってしまうのです。

「知る」ということは、「何かと区別する」ということです。

したがって、俗世間の知識レベルでは、「永遠に変わらない常住という立場」と区別しなければ、「無常」に気づかないことになります。

これは知識の宿命です。変わらない基準、固定概念がなければ知識は成り立たないので、仕方がないのです。

一人の昆虫学者が、ある論文で「ゴキブリは害虫だ」と書き、次の論文で「ゴキブリは益虫だ」と書いたりはしません。それでは仕事になりませんから、「ゴキブリは害虫」と決めつけてしまう。

だから知識人は、固定概念を持っているのです。学者になりたければ、「変わらない基準」を頭に叩き込まなければならない。そしてそれをモノサシにして比較するのです。

同じようにして俗世間は、「無常」を語るために「常住」を捏造するのです。「変わる」を語るために「変わらない絶対的な何か」を捏造して、それと区別する。知識で無常をつかまえようとする。「比較して差異を見出す」という知識のやり方そのままなのです。

しかし「変わらないなら存在しない」ので、常住、常有はあり得ません。間違いです。間違った「常住」と比較して捏造する「世間の無常」もまた、間違いです。仏教の語る無常を知識で捉えることは不可能なのです。世間の無常は、仏教の無常とは次元が違います。

「この花は美しい」と「私」が決めても、「私」は常に変化するので基準になりません。ほかの人には「この花は美しくない」ということは、当たり前にあり得ることです。知識は人によってばらばらで、ぶつかるでしょう。

「私」が「永遠に変わらない常住」と比較して「世界は無常だ」と言ったところで、これと同じです。世間の無常は成り立ちませんし、普遍性もありません。

仏教的な無常は、自分という基準が破れたところで発見するものです。知識レベルを超越した、出世間的なものです。並大抵の智慧ではないのです。

無常を知ることだけが解決方法

すべての問題は、無常を知らないことから起きています。

我々は、ありもしない蜃気楼《しんきろう》を追っています。事実から眼を背けて、希望、願望を妄想し、それを探し求めています。蜃気楼に対して、欲、怒り、憎しみ、悲しみ、恨み、落ち込みを抱いているのです。蜃気楼のために戦って、殺し合っているのです。誰もが全知全能者気取りで世界征服に挑んで、必ず失敗し、苦しみを味わっているのです。

根本的に問題を解決するには、仏教的な無常を知るしかありません。幸福を手にするには、それしかないのです。

内（自分）も外（世界）も瞬間的な現象で変わります。執着しようとする対象も、執着するものも一時的な現象にすぎません。

得たいと思う自分と、それを得る自分は違います。「自分」には何も得ることはできない。自分というものは存在しないのですから、得ることもまたできないのです。得る人はまた、別の人なのです。

無常を知らないから、「変わらない自分」を妄想するのです。それを基準にして怒るのです。世界と同じスピードで変わり続ける「無常なる自分」なら怒りは成り立ちません。

執着、怒りなどの感情は、「変わらない自分」という妄想に拠って立った非論理的な妄想です。無智な人の妄想で、本来、成り立たないものなのです。

無常を覚った人には怒りがありません。怒りを我慢するのではなく、無我なので、怒りが成り立たないのです。無常を知ると、心は「無執着」になるのです。

第3章……覚らなくても役に立つ

無常はとても明るい話

無常は事実なので否定できない

人間にとって、無常を受け入れることは、大変難しいのです。

ただしそれは、無常が難しい理屈で成り立っているからではありません。

無常は「一切は絶えず変化している」という事実です。事実は理屈で成り立っているものではありません。事実に理屈はないのです。ですから無常にも理屈はありません。理屈がないので、「賢く考えて無常をわかってやろう」というのは間違いです。

では、どうして無常が難しいのでしょうか？

「花が咲いている」が事実であるならば、否定できませんね。無常も同じです。無常は事実なので、否定することができないのです。我々は、無常と向き合い、受け入れるしかないのです。これが人間には難しいのです。

でも大丈夫です。無常を受け入れる具体的な方法は、ブッダによって示されたのですから。

「受け入れるしかない」といっても、無常は暗い話ではありません。

それどころか、無常を事実として受け入れるなら、柔軟で、軽快で、楽な生き方ができるようになります。人間として、しっかりします。

無常は、とても明るい話なのです。

無常がわかったら覚り

「無常が何か知っていますか？」と聞くと、誰もが「無常？　わかっていますよ」と答えます。「子供でも知っていることだ。馬鹿にするな」とでも言いたげです。誰もが無常のことを、当たり前で単純なことだと思っているのです。

しかし無常は、人間の知識レベル、認識範囲を乗り越えている真理です。認識範囲を広げて智慧で観なければ、わかるはずがない事実なのです。

ところが誰もそうは考えていないのです。日本の仏教に詳しいある名の知られた方が、私を前にして「ブッダの言っていることは簡単です。たいしたことは語っていません」と言ったほどです。

一般の方でも「皆が知っている無常を理解しても、役に立たないのではないか」と思っているようです。「無常みたいに暗い話ではなくて、もっと明るい前向きな考え方を教えてくれたほうがいいのに」という雰囲気もあります。

もちろん何を思おうと自由ですが、無常と向き合わない結果として、無常とは反対の方へと思考が回転することになります。欲、怒り、憎しみ、高慢、エゴで、もだえ苦しむことになるのです。

先ほど無常に関するブッダの有名な偈を紹介しました。（五五ページ参照）

「一切の現象は無常であると智慧によって知るならば、苦（生きること）を諦める。これが、清浄（解脱）への道である」（ダンマパダ二七七偈）

つまり無常がわかったら、覚り、解脱なのです。何ものにも執着しなくなるのです。

ブッダは「すべての問題は無常を知ることで解決できる」「無常を知っている人は、最高の幸福に達する」「最上の安穏を得られる」「解脱する」「覚りをひらく」とまでおっしゃっているのです。

それで「無常のことは知っています」と言う人に、ブッダは「あなたは覚っているのですか？」と問うのです。

この質問には答えようがないでしょう。普通の人は覚りを経験していないので、覚りが何かわからない。だから白紙回答するしかないのです。

無常は体験するものであって、本当は言葉では理解できないものです。皆さんが一般的な知識、常識として知っている無常は、仏教の無常とは関係がありません。

では、まず「世間一般の無常」について分析し、そのあとで「ブッダの無常」に進みます。

世間の無常は単なる「わがまま」

世間の無常は興味しだい

我々は、周囲を見て、「変わった」と気づいたときにのみ、無常を発見します。当たり前に聞こえますが、これはとても大事なポイントです。

周囲を見回すたびに無常を発見するのなら、素晴らしいのです。

しかし実際には、「ほとんど気づかず、ごくたまに変化に気づく」のです。「あれ、そういえばなくなった」という具合に。社会の大きな変化にも、なかなか気づきません。

我々の発見する無常は、杜撰《ずさん》なものなのです。

変化に気づくか否かは、その人の興味しだいです。

家から駅までの道には、毎日何かしら変化があります。店先のディスプレイが変わったり、駅貼りのポスターが変わったり、停めてある車が変わったりと、いろいろな変化があるのです。

しかしある人が変化に気づくか気づかないかは、そのときの気分しだいです。無常は真理です。真理は、普遍的、客観的な事実です。誰かが興味本位で変化を見つけても、それは「真理の発見」とはいえません。

世間の無常の問題点

我々が興味本位で発見する変化には、いろいろな欠点があります。

個人の好みで発見する変化は、限定的です。興味があることの変化しか見えないのです。「すべての変化」は見えません。気づく変化より、気づかない変化のほうがずっと多いのです。旅に出ても、自分の興味があるところしか見ない。一日中歩いても、晩御飯しか頭になかったりする体たらくです。

我々の無常は偏見的です。見方が公平ではないのです。変わっているのに、「変わっていない」と言ったりもします。

変化に対して感情的にもなります。変化によって楽しくなったり、悲しくなったり、腹が立ったりするのです。久しぶりに馴染みの店に行ったのに閉店していたら、「嫌だな」と思いますね。これは変化に対する怒りです。

良い変化、悪い変化

我々は変化に価値判断を入れます。開発が進んで高層ビルが建つと、ある人は「経済が順調に発展している」と言い、ある人は「自然の破壊が進んで、どんどん住みにくくなる」と心配したりする。変化に対して「良い」「悪い」と判断を入れるのです。

我々には、変わって嫌になるもの、困るもの、変わってほしくないものがあるのです。顔にシワが増えるのは嫌、白髪が増えるのも嫌ですね。

変わることで幸福を感じるもの、変わることを期待するものもあります。植木鉢に種を蒔けば、「早く芽が出ないかな」と期待するでしょう。

嫌な変化に対しては、自分の好みにしようと働きかけます。自然は自然に任せないで自分で手を加えようとする。いろんな手を使って、シワや白髪が見えなくなるようにするのです。

盆栽なら、ある決まった枝ぶりで老木になってほしい。小さいけれど実もなってほしい。日本の人はあれを「自然を愛でる素晴らしい文化だ」と言いますが、私には自然を残酷に壊しているようにしか見えません。植物に対するあれほどの虐待がほかにあるでしょうか？　針金で縛って、水も肥料も最低限なのです。

しかし自然法則は、どうにもなりません。逆らえません。老いるものは老いるのです。

変化を発見してパニックに陥る

我々は無常を発見すると、混乱してときどきパニック状態になります。

地震、火事、事故などでパニックになるときもあるでしょう。

しかし地震は、ごく穏やかな自然現象です。地底深くでゆっくりと溶岩が流れていて、その影響でプレートがゆっくり動く。その動きの反動が地震です。突然ではなく、しかるべきときに起きているのです。ところが人間は驚いてしまって、パニックになるのです。

いつものビルに何の気なしに出勤して、そのビルが火事になったらパニックに陥ります。興味がないと無視をしていたのに、無視できない変化が起きてしまったからパニックになるのです。

夫が解雇されると妻はパニックになります。期待しなかった変化が起きたからです。その変化が嫌で、気に入らないのです。

パニック状態は苦しいものです。パニック状態に陥る人は、悲しい生き方になります。

無常は、変化は、自然法則です。変わって当たり前です。変わる以外にないのです。

我々は、淡々と、何の評価もせずに、無常をただ受け入れるしかないのです。

自己都合でハイライトを当てて喜ぶ

俗世間の変化に対する態度を分類すると、次の三つになります。

①当たり前の態度で無視する

変化は毎日起きています。窓の外の世界は、毎日変わっているのです。二度同じ道路を歩くことは不可能です。しかし世間の人はそれを無視します。あらゆるものが変わっているのに、気にもとめないのです。気まぐれにごく一部の変化を発見するだけです。

②幸福、喜び、楽しみ、快楽を感じる

サクラが咲いたとかで、興奮して舞い上がって、サルになります。

③不幸、苦、悲しみを感じる。パニックになる

「自分の好きな変化ではない」と拒絶したり、極端な拒否反応を示したりします。

したがって、俗世間が発見する変化、無常は、単なるわがままです。無視するのもわがまま、喜ぶのもわがまま、悲しむのもわがままです。

「サクラが咲いた」とは興奮しますが、「葉が落ちて枝ばかりになった」と喜ぶことはない。絶え間ない変化の一つとしてただ花が咲いただけのことなのに、自己都合でそこにだけハイライトを当てて喜ぶ。それは気まぐれで、わがままではないですか？

私は「変化がつまらない」と言っているのではありませんよ。「ずっと見ていると、どれも面白い」と言いたいのです。

寒くなると、サクラは片っ端から自分の葉を落としてしまうでしょう。私は枝しかないサクラを「ああ、眠っているな」と楽しく見ています。暖かくなると興奮したように花が咲く。はしゃいでいるみたいで、それも楽しい。あっという間に花が散るのも楽しい。そのあとには葉が出ているのを見るのも楽しい。うっそうと葉が茂っている様子も、

「自然を守ってくれているのだ」と嬉しく見ています。そんな具合に私は年中楽しく見ています。

人間は主観的で、感情に振り回されているのです。誰一人として、客観的に見て正しく対応しようとしません。

それどころか、強引に変化を自分の都合の良いように変えようとするのです。盆栽を針金で縛るように。

仏教では、無常は全存在・全宇宙・全生命に対する真理です。

しかし世間の人々は、そうは考えません。

人間にとっての無常は「たまに起こる現象」でしかないのです。サクラが散った。地滑りで家がつぶれて人が流されてしまった。そうした特定の現象を自分の都合でピックアップして、無常を語るのです。

世間の無常は健康と年齢しだい

体は健康でも心は病気

「健康」には次の二つがあります。

①体の健康
②心の健康

お釈迦様は、
「体が健康で百年風邪を引かない人はいますが、心が健康な人はいません」
「すべての人の心は病気です」

とおっしゃいました。

「体の健康」はわかりますね。現代人の一大関心事です。しかし明るく前向きな人までつかまえて、「心が病気ですよ」と言うのはどうしてでしょう。「あなたの心も病んでいる」と言うのです。

悩みがまったくない人はいません。まったく怒らない人、いらだたない人、落ち込まない人もいないでしょう。つまり程度と頻度の差はあれ、誰しも精神的な問題を抱えているのです。

仏教からいえば、これは不健康な状態です。不完全で病んだ心の諸症状なのです。真理を覚っていない心に必然的につきまとうトラブルなのです。覚ってしまえば心は根本的に治るので、精神的なトラブルはゼロになります。

体が健康→変化は平気

世間の無常は、体の健康と関係があります。

人は体が健康なときには、変化、成長などを期待します。悪い変化が起きてもすぐ「元に戻る」と思ってあまり心配しません。「変化大歓迎」という態度なのです。

若いときは、少し怪我をしても「すぐに治りますよ」といってスポーツを続けたりします。相撲取りなど、あの体重では膝が痛むけれど、無理しても土俵に上がるのです。登山が趣味の人は、わざわざ危険な冬の山に登ったりもします。天候不順でも、「そのうち変わるでしょう」と動じることがない。

体が弱っていると、こうはいきません。山に登って少し風が強まると不安になる。吹雪になればもっと不安です。体の健康が衰えると「変化」に怯えるようになるのです。三十歳代以下なら、ちょっとお腹や心臓の辺りが痛くなっても、あまり気にしないでしょうが、八十歳だとそうはいきません。すっかり怯えてしまうのです。

精神が健康→変化は平気

根本的なレベルで心を病んでいる我々ですが、前向きで、元気はつらつとしているときもあります。普通の人の心は、健康と病気の間を行ったり来たりしているのです。人間は精神的に健康だと「変わること」を望み、精神的に弱いと「変わらないこと」を望みます。

精神的に健康な場合は、新しいものを次から次へと学んだり、調べたり、疑問を抱いたりします。勉強して知識を開発したり、既存の知識に挑戦したりもします。世界で起こる変化を理解して、認めようとします。

あるいは逆に、変化を攻撃しようともします。「あの大臣は良くない」と批判したりもします。その結果、政府が倒されたり、暴動が起きたりもする。

精神が弱い→変化を拒否

精神的に弱くなると、変わることではなく、変わらないことを期待するようになります。

精神的健康が衰えると、自分の知識を堅く守ろうとします。自分の知識に対する批判、調整、改良などを断る。頭が悪くなると、新しいことを拒んで、自分が知っていることにしがみつくのです。

納得させる、説得することが大変なのは、年寄りです。年寄りは人の意見に耳を貸しません。若者を説得するのはいとも簡単です。

年寄りがよく「昔は良かった」と言うでしょう。彼らが昔を懐かしむのは、昔のことが変わらないからです。べつに昔が実際に楽しかったからではないのです。そのときはそのときで苦労があったはずです。つまり彼らは、変化しないことを望んでいるのです。裏を返せば、「いまの変化は嫌だ」と言っているのです。

人の話は健康状態を加味して聞く

つまり我々は、精神的にも肉体的にも健康であるならば、無常を認めるのです。「あ、そう。変わるでしょう」と対応できる柔軟性があるのです。

体が健康なら、雪山に登るのは危険であっても、「それなりに対応するので大丈夫ですよ」という態度でいます。

心が健康なら、自分の知識を批判されても、捨てられても、また挑戦して新しい知識を得るのです。

しかし我々は健康が衰えると無常を否定します。変化に対応できず、頑固になる。「変わりたくない」と踏ん張ります。無常を否定した挙句、「変わらない、永遠の何か」を強く望むようにもなるのです。

だから人の言葉は、その人の健康状態を加味して聞いたほうがよいのです。高熱を出している人から「味噌汁が薄い」と言われて味噌を足したら、塩辛くて飲めなくなるかもしれません。悩んでいる人の「面白くない」は、中立的な評価とはいえないでしょう。「世の中変わるのは当たり前」という様子の人は、元気です。逆に、ある人が「変わるのは嫌だ」と言っていたら、その人は病気で弱っているのです。

世間の無常は、その人の体と精神の健康状態しだいなのです。

若いときは革新的→歳をとると保守的

人間は、ずっと変わっていきます。だから我々の知識、思想も歳をとるとともに変わっていきます。無常から逃れることはできません。

ほとんどの人は歳をとると、ジリジリと保守主義になります。ですから本を読んでも、書き手が何歳かだいたいわかります。保守的なら、たいてい老人です。

梅原猛先生は、若いときはヨーロッパの哲学と実存主義を熱心に研究されていました。東洋の哲学には見向きもしませんでした。かなりの悲観主義者で、「実存主義こそすごいのだ」という考え方でした。

その先生も年齢を重ねるうちにどんどん仏教哲学に傾倒して、晩年には若者たちに向かって、「阿弥陀様がいちばんありがたい」と語りかけるようになったのです。

若いときには「輪廻なんかあるわけない」と言っていた知識人でも、歳をとって死にかけると「成仏したい」などと平気で言うようになるケースは珍しくないのです。自説も結局は年齢しだい。若いから革新的、老人だから保守的というだけのことです。

人の話をまともに聞く必要はない

私は日本の大学院で道元を研究しましたが、道元は若い頃と老年とでは、まったく違うことを書いています。同じ人間とは思えないほどです。

若い頃は、悪い意味で非常に前衛的です。書いたものを読んだら、「この人は自分の言っていることがわかっているのだろうか？」と思うほどわかりにくい。主語や単語の選び方、バランス、文字数といったフォーマットに力を入れた挙句に、意味不明になってしまっているのです。

ところが老いてからの文章は、とてもわかりやすい。ぜんぜん奇をてらっていません。言いたいことを淡々と書いているだけです。偉そうで自己矛盾的な哲学ではなくて、ごく普通のことを語るのです。「人生は苦しいものだ」「煩悩は良くない」とか「修行して頑張りましょう」というように。

人生論も世界論も、歳とともに変わっていきます。

だから世間の人の意見は、あまり気にしないほうがよいのです。歳をとったというだけでコロッと意見を変える人の話を、なにも本気で聞くことはないでしょう。どうせ最後は頑固な態度で、保守的で終わるのですから。

私は若い頃からいろんなことをビシビシと批判したのですが、そのたびに年上の長老たちから「あなたも歳をとると変わるでしょう」とそっけなく言われたものです。私は口にこそ出しませんが「事実なのだから、変わるわけがないでしょう」と思っていましたけれど。

しかし実際、若い頃には「初期仏教こそ真の仏説だ」と必死で研究した学者でさえも、老後には阿弥陀信仰に陥ることがよくあるのです。増谷文雄先生とか、禅の研究をした鈴木大拙先生とか、その他、噂によるとかなりの数の仏教学者が、最後には「何か永遠なものはないのか？」となってしまったのです。

若いときには、曖昧で怪しげな気分しだいの変化論を唱えていて、歳をとると無常を否定して、最後は常住論を終着駅にして亡くなるのです。長い間研究を重ねて、結局「阿弥陀様に救われたい」では、本人もかわいそうだと思います。けれど、若いときには散々、「偽の無常」を語って人を煽っておいて、それはないでしょう。まじめに話を聞いていた人は、梯子を外されたようなものです。とにかく一般人の言うことは、アテにならないのですよ。

とくに世間一般の人が無常について語っていたら、その人の年齢をチェックしたほうがいいのです。若かったら「若いから元気がいいだけではないかな?」と、用心したほうがいいですね。

弱いから永遠不滅を求める

「永遠不滅の魂の存在を認める」ということは、「精神的に、肉体的に衰えた」ということです。

世間でよく聞く、永遠の神様、永遠の天国、永遠の地獄、永遠の魂といった話は、原始時代からあったのです。誰かが発見したわけではありません。これらは、精神的な怯え、不満、肉体的な病気から発生した、と言えなくもないのです。

自然が怖くて、自分の力のなさが不安で、しかし欲はある、死にたくはない、それでも絶対に死ぬ、獣に殺される。だから「死んでも天国だ」と自分を納得させるのです。つまり永遠不滅を求めるのは、自分が弱いからなのです。永遠不滅は、弱きものの思考なのです。これは重大な事実です。このことに気づいてほしいのです。

我々は、歳をとると肉体も精神も弱くなって、保守的な思考に陥ります。一流といわれる哲学者も、年齢の前にはそれまでの自説を放棄して、永遠不滅にすがるのです。

世界は変わるが、自分は変わらない？

「私は変わらない」という身勝手な前提

世間一般の人も、一応、現象が変わることを知っています。しかしそれは「知識として」なのです。「変わるのでしょう。知っていますよ」という感じなのです。それでときどき気まぐれに外の世界の現象を捉えて、悦に入ったり、感動したり、悲しんだり、はかなんだりしているのです。認識の仕方はきわめていい加減で、身勝手です。まともな観察はありません。世界を見る目は、著しく公平さを欠いています。ただの偏見なのです。

どうして我々の観察は偏見になってしまうのでしょうか？　きちんと世界に向き合えないのでしょうか？

最大の失敗は、「自分の無常」を観察しないことにあるのです。

大きな駅では、電車が事故で一時間もストップすると大騒ぎになります。なぜなのでしょうか？　いつどこに何が起きても不思議はないでしょう。それなのに自分が乗りたい電車が遅れるくらいのことで、なぜ大騒ぎするのでしょうか？　すべてが無常だと知っている人は、平静なまま別の手段でさっさと移動するか、本でも読んで待っているでしょう。

世界に向き合うときに人間が犯す最大の失敗は、自分自身を脇に置いて、外の世界の変化を発見することです。「自分が変わる」ということは、気にもとめません。何の疑いもなく、「私はそのままで、変わっていない」「私は無常ではない」と決めつけているのです。それでひどく見方が偏ってしまうのです。

「あなたずいぶん歳をとったね」

「ウチの旦那はすっかりお爺さんになってしまった」

「これは古いなぁ」

「嫌だ、この団子、賞味期限が切れている」

「あなた、痩せすぎじゃない？」

「世間の変動は激しいですね」

我々は、そんなことを何気なく口にします。そのとき我々は、「私」について棚上げしているのです。団子の賞味期限は気にしても、自分の賞味期限については触れないのです。

死を悲しむのは格好が悪い

自分の子供、親が亡くなったと悲しむとき、「自分は相変わらず元気だ」という前提があるのです。自分はぴくりともしない川岸にいて、流される木の葉を哀れむような傲慢さです。

しかしそんな保証がどこにあるのでしょうか？　人間なんて、いつ死んでも不思議はありませんよ。

だから人が死んだと悲しむことは、本当はすごく格好の悪いことなのです。それなのに周りは「この人は優しい人だ」と褒めたりもする。

本来、人の死に目に泣くなんて、褒められるようなことではありません。それは、無智で、恐ろしいことなのですよ。

覚った人は泣きません。人が死んでも平静なことは、残酷なことでも冷酷なことでもありません。覚った人には「私だけ違う」という偏見まみれの暗黙の了解がないのです。自分も無常、自分も刻々と死につつあるのだから、他人の死に動じないのは当然の反応なのです。泣けるはずがないのです。

長年連れ添った人に「冷たい」「愛情が冷めた」と文句を言いますが、そのとき自分のことは棚上げしているのです。自分はいまも変わらず愛しているとでも言うのでしょうか？　じつに失礼な態度です。相手を責めて喧嘩するなんて、できないはずです。

私はときどき人をつかまえて「あなたずいぶん歳をとったね」とか言ってみるのです。それで「そう言うあなたは、変わってないつもりですか？」と逆襲してきたら、頭がいい人です。話をしても面白い。逆に落ち込んでしまうような人では、話をする気が失せてしまいます。

私の昔の知り合いはもうボロボロの老人だったりしますが、彼らに「変わらないね」とでも言おうものなら、「何を馬鹿げたことを」という感じです。刻々と変わっているのはよくわかっていますからね。

子供が自分を完全に無視するようになったと、私に相談する人がいます。遅くに家に帰ってきて、挨拶もせず自分の部屋に入るのだと。しかしそういう本人は、変わっていないのでしょうかね？

子供が変わるように、親の自分も変わるのです。それなら昔と同じようにいくわけがないでしょう。子供が口をきかなくなったのは、親の自分が変わったからでもあるのです。そういう変化なのです。

対照的に発見される無常は「邪見」

人間には比較対照する思考の癖があるのです。それで世間の人は、「変わる」を発見するために「変わらない」を作ります。最たるものが「変わらない自分」です。「変わらない自分が、変わる世界を観察する」という構図です。

「前に住んでいたアパートは古かった」と言うとき、いまの家は新しいのです。

「あなたは変わった」と言うとき、自分は変わっていないのです。

仏教では変わらないものは何一つとしてありません。ですから変わってない自分を前提にして、外の世界の変化を発見するのは大失敗です。俗世間の無常は、仏説ではありません。「邪見」です。

宗教も「変わらない何か」に拠って立つ

普通の説法をちょっと聞くと、テーラワーダ仏教（上座仏教）も大乗仏教も、言っていることに大きな違いはありません。

しかしテーラワーダ仏教以外は、お釈迦様が発見した無常を語ってはいません。大乗仏教でも「変わらない何か」を概念として必ず作るのです。阿頼耶識《あらやしき》も仏性《ぶっしょう》も如来蔵《にょらいぞう》も、真言密教《しんごんみっきょう》でいう大日如来《だいにちにょらい》も「変わらない何か」なのです。そうしたものと比較して、「無常だ」「誰もが死ぬ」と言っているのです。

大乗仏教のお坊さんのなかには、私よりずっと話が達者な方もいます。立派で、丁寧で、上品で、私のように人が嫌がることは何一つとして口にしません。それで、いかにして元気に生きるか、といった皆が喜ぶことはたくさん話してくれます。

ただし大乗仏教のお坊さんは、心を清らかにすること、執着を捨てること、そういうことを強調しません。

無常についても話すのですが、そのときは永遠の仏性、如来蔵と対照して語るのです。宗教の世界では、超越的な観念としての神様、仏様を「何か」の比較対象として話をします。キリスト教、イスラム教、ユダヤ教などでは、永遠不滅の絶対的な神と比較して、「世界は変わるのだ」と語るのです。「ものに執着してはならない」とも言う。「神が天国で待っているのだから」と。

つまり宗教家も知識人も一般人も、同じ失敗を犯しているのです。誰も彼もが「変わらない何か」と比較して、「何かが変わった」と言っているのです。俗世間がしたり顔で語る「変わる」「無常だ」という概念はすべて偏見なのです。

まとめ：世間の無常は問題だらけ

世間でも、無常は常識です。たまの事故、地滑り、地震、インフルエンザ、散るサクラ、知人の死。そういった特定の現象の変化に気づくたびに、世間の人は「無常ですね」「変わってしまいました」と感想を述べているのです。つまり世間の無常は、主観、わがまま、偏見で発見される変化なのです。

こうした世間の無常は、トラブルの種です。主観的な態度、わがままな態度で世界に関わると、さまざまなトラブル、悩み、問題が生じてしまうのです。喧嘩したり、殺しあったりすることにもなります。

まとめ：世間の無常はひどい「わがまま」

人間は変わります。人間の変化への対応も変わります。つまり人間は頑固になったり優柔不断になったりするのです。

ある人が頑固か優柔不断かは、断言できるものではありません。まるで一貫していません。ある人が死ぬまで頑固、死ぬまで優柔不断ということはあり得ないのです。

そのうえ、人の評価は、評価する側の都合、立場によっても変わります。レッテルを貼る人の都合で頑固になったり、優柔不断になったりするのです。佐藤さんが「頑固だ」と評する人を、鈴木さんが「あてにならない。優柔不断だ」と評するかもしれません。

自分の期待通りに相手が変わらないと、「この人は頑固だ」とレッテルを貼る。これは「自分の思うように変わってくれない」という不満です。

変わってほしくないのに相手が次から次へ変わると、「あなたは優柔不断だ」「はっきりしない」「あてにならない」「信頼できない」云々と文句を言う。これは「私の期待する態度に変わってほしい。変わったら、ずっとそのままでいてほしい」ということです。

「頑固だ」「優柔不断だ」という不満、非難は、いずれもひどい「わがまま」です。そもそも世界が自分の都合に合わせて変化してくれるわけがないでしょう。あらゆる不幸な問題の原因は、これほど当たり前のことを理解しない程度の低い思考にあるのです。こんなことすらわからずにいて、あれやこれやと理屈をこねるのですから、人間の愚かさには呆れてしまいます。

まとめ：人の性格はいい加減

人間は歳とともに体力も精神力も衰えて、自然に頑固になります。そして無常に対応できなくなってしまいます。

歳をとって頑固で固まるまでは、頑固でありながら、優柔不断でもあります。あるときは頑固、あるときは柔軟、あるときは優柔不断、あるときはしっかりしているし、あるときは頼りになりません。変化思考が曖昧で、ムラがあるのです。一定していません。「あなたは頑固ですか？」と聞かれても、私にもそれはわかりません。その場その場で頑固だったり、頑固でなかったりするのですからね。

ですから人の性格について深刻に考える必要はありません。その場その場で適当に対応するしかないのです。

ブッダの無常のどこがすごいのか？

世間では「無常」のことを、大したことだとは考えていません。実際、誰もが「無常？　知っていますよ」という態度です。つまり世間の人は、無常について真面目に考えたことがないのですね。

ですから仏教が「無常は聖なる真理です」「すごいのです」と言うと、皆さんびっくりするのです。あるいはまるでピンとこない。それで「役に立たないものを大事にするなんて、現実的じゃない」「忙しいから聞いていられない」「やっぱり仏教は難しい」などと思ったりもするのです。

それは無理もないことです。「無常」をよくご存知の皆さんは、昔もいまも悩み、苦しみ、欲、怒りを抱えて、トラブルを起こし、喧嘩をして、落ち込んだりもしています。そんなことの連続が人生なのです。もう、無茶苦茶です。「無常」を知っているのに、自分の問題も、世の中の問題も何一つとして解決できていません。たしかに世間の無常は役立たずなのです。

ところがブッダは、「すべての問題は無常を知ることで解決できる」「無常を知っている人は、最高の幸福に達する」「覚りをひらく」とまでおっしゃっているのです。それで誰もが「お釈迦様がおっしゃっているのは、本当ですか?」と疑うのです。「私の知っている無常」では、まったくそのような気配がないのですから、これまた当然といえば当然です。

しかしブッダの無常は、世間の無常とはまるで違うのです。

ではブッダが説かれる無常はどのようなもので、そこからどのようにして「安楽」「幸福」が現れるのでしょうか?

いよいよブッダが発見した無常の核心について説明します。ここからは相当難しくなりますが、そのうち理解できます。誰だって最初はメモでもして暗記するしかないのです。リラックスして読んでください。

釈尊の無常はすごい智慧

生きているなら、必ず死ぬ

キリスト教、イスラム教、ユダヤ教、ヒンドゥー教などの一神教では「神様は永遠不滅に存在する」と言っています。ヒンドゥー教は一見多神教に見えますが、実際には梵我一如論を語っているので一神教です。妄想にまともに付き合うのも馬鹿らしいのですが、あまりにも害が大きいので少し考えてみましょう。

さて、「神は永遠不滅」とはどういうことでしょうか？　いずれ死ぬけれど「超長生き」と言いたいのでしょうか？「死にません。ずっと生きています」と言いたいのでしょうか？

「死にません」と言いたいのでしょうね。おまけに「過去も未来もずっと生きているのだ」と。

しかしこれは、仏教ではあり得ない考え方です。「生きている」なら「死ぬ」のです。「生きている」というのは一時的な現象です。「生きている」という原因で、結果として必ず「死ぬ」のです。これが事実です。現実です。これだけはしっかり肝に銘じておいてください。それだけで人間は、しっかり生きていけます。

もう少し厳密に考えてみましょう。

存在が無常です

仏教では「存在は無常で成り立っている」「存在＝無常」です。もし「神が存在する」というのなら、「神も無常」です。

「存在する」のは生命だけではありません。物質も宇宙も存在します。「ものがある」「生命はいる」という場合は、「因縁によって一時的に、瞬間的に現れている現象だ」という意味です。一切の存在は、ある原因、因縁という条件があって、存在するのです。

「花が咲いている」のは、「花が世界から独立して存在している」のではありません。「花があらゆるものに依存して、一時的に成立している」のです。だから「花が依存している原因、因縁」が変化すると、花もまた変わるのです。

「私が立っている」というのは、「私が、独立して、何の影響も受けないで立っている」ということではありません。いま立っているのは床のおかげです。その床は地球の引力が支えているのです。地震があったら、床が揺れて、私の肉体も揺れます。何一つとして、ほかの存在に依存しないで存在することはできないのです。

このように「ある」「存在する」とは、無常そのものなのです。「私がいる」ということは「私は無常」と同じことなのです。これは仏教だけが発見した客観的な事実です。存在は、次の瞬間に別な存在に変わってしまいます。何もかもが、瞬間瞬間違っているのです。

私の顔は、見る人の角度によって違います。聞こえる声の響きも大きさも、人によって違います。もう、「私」と言えるような代物はないのです。

因縁がないと、何も「ある」とは言えません。「何の原因も理由もなく、ある」ということはあり得ないのです。これは非常に無智な思考、妄想です。一神教の「絶対的な神」はそういう代物です。

聖書の世界では、神が人間を作ったことになっています。ですから神が原因で、人間が結果ということになります。

では「神を作ったのは何？」となると、神は「永遠にいる」ということになっています。原因がないのだと。永遠の過去に存在し、永遠の未来に存在するのだと。それはあり得ないことです。

存在しているなら、それは結果であり、原因なのです。原因と結果の絶え間ない連鎖を無常というのです。これは真理です。客観的な事実であり、揺るぎません。

したがって「原因がない神」は、論理的に存在しないことになるのです。

聖書も無常を語っている

ところでじつは聖書では、神もちゃんと因果法則に従っているのです。

神は天地を創造したりするでしょう。あらゆる行為には、必ず結果がついてきますから、「天地を創造する前の神」と「天地を創造したあとの神」とでは違う神にならざるを得ないのです。

皆さん自身のことを考えてください。一歩歩いたら、景色が変わるでしょう。そのときの自分は、もう違う自分でしょう。

あるいはまた、聖書の神は自分を褒め称える者を天国に引き上げるのです。「自分を褒め称える」という原因で、結果として「天国に引き上げる」のです。「自分を侮辱する」なら「地獄に突き落とす」のです。

ですからやはり聖書の神も、因果の世界で語られているのです。

そもそも聖書自体が「ああして、こうして、こうなりました」というお話でしょう。因果語りですよ。それでどんどん話が変わっているではないですか。だったら「生きているなら、いずれ死ぬ」でしょう。神だって死ぬのが論理的です。当たり前といえば当たり前です。何かをしたら、その結果が生じるというだけの話。「ずっとあって何もしません」では、それこそお話になりませんからね。

にもかかわらず「神は永遠不滅」などというのだから、やっぱり聖書はお話になりません。無智もいいところです。ひどい妄想です。文学作品としても説得力がないのではないでしょうか？

「生きているからには、必ず死ぬ」のです。現実に生きている我々は、ここから一歩も動くべきではありません。想像をたくましくするのは自由にできるのですが、害ばかりです。聖書を本気で読んだりなんかすると、人生を失敗します。事実、それで世界中ひどいことになっているのですから、実証済みです。人を殺して、殺して、殺して、それこそ聖書の世界を再現しているのです。ろくなことはありません。妄想だとわかっている分、マンガ本のほうが、よほど害が少ないのです。

「私」という固定された実体はない

世間一般は「私は変わらないが、世界は変わる」という態度ですが、ブッダの世界はそうではありません。

世間一般とは逆に、仏教では、まず「私は変わる」というところから無常を語ります。「私」は瞬間瞬間、変化しているのです。「私」は「絶えず変化して変わっていく流れ」なのです。肉体も心も刻々と変わっているのです。これこそが現実です。抽象的な話では、まったくありません。

言葉を用いて「私」「私がいる」とは言えますが、それはあくまで都合がいいからです。現実には「これが私です」と指差せるような固定された実体はありません。「私」「魂」といった単語があるからといって、それらの単語に実体があるわけではありません。呼吸によって自分が変わる、見ることによって自分が変わる、いる場所によって自分が変わる、時間によって自分が変わるのです。私が歳をとっていくスピードは、一秒でも止まらないのです。ご飯を食べたら、もう変わっているのです。

私は変わる。世界も変わる

自分がずっと変わっているということは、誰もが、いまここで、きわめて簡単に経験できます。

文字を追いながら意識が変わっているでしょう。気持ちが変わっているでしょう。身体の感覚が変わっているでしょう。息を吐くたびに、息を吸うたびに、刻々と変わっているでしょう。

そうしたおびただしい変化が、同時進行で、自分に起きているのです。だから「変わらない自分」は成り立たないのです。「自分」は「一時的な現象」なのです。

その変わりつづける自分を、しっかりと観察して自分で経験することです。それから「世の中も自分と同じく無常である」と知る。それがブッダの無常を知る方法です。

ほかの人の怒りより、自分の怒りのほうが、よく観察できる。その怒りに気づくことです。

自分の足や腰が痛くなったら、自分の気分がどれほど変わったか観察する。すると別人になった自分を発見する。痛みが消えたら、また別人になった自分を発見するのです。このように自分については、百パーセント観察できるのです。それは疑いのない事実です。

そこを足場にして、外の世界を見るのです。「私が経験する、知る世界も、私と同じく、絶えず瞬間瞬間変化して変わっているのだ」と知るのです。

ただ外の世界を百パーセント観察するのは不可能です。少しだけ推測を入れるしかありません。「小さな赤ん坊だったのが、いまの自分になるのなら、それは他人も同じだ」という具合に、類推するのです。

ヴィパッサナー瞑想で一目瞭然

万物は変化しています。これは真理です。私を囲む世界も変化しています。物理の世界では、当たり前の話ですね。原子核の周りを電子が回っているのです。

仏教の修行者も同じことを発見するのです。ただ方法が違います。瞑想という方法によって、世界の本質を直接知るのです。実験みたいな野暮なことはしません。心で観察して発見するだけです。それでわかります。ですから世界の本質を知りたいなら、自分の心と体を細かく観察するのが一番の近道なのです。

この方法がブッダが発見した「ヴィパッサナー瞑想」です。ヴィパッサナー瞑想には「細やかに明確に区別して観る実践」という意味があります。具体的なやり方については『ヴィパッサナー瞑想　図解実践―自分を変える気づきの瞑想法【決定版】』（サンガ新社）などの本で詳しく解説してありますので、そちらをご参照ください。

変化＝因果の連鎖

物質は絶えず変化しています。変化が停止することはありません。原子核の周りを電子が回っているのです。

ただし条件によって、変化の過程とスピードが変わることはあります。

わかりやすい例を挙げましょう。

ホワイトアスパラガスは、栽培するときに光を当てないようにします。その結果、緑の普通のアスパラガスにはなりません。光を当てないことによって、白くなるのです。

物質は光があっても、光がなくても変化します。空気に触れるだけでも変化します。

壁も石も鉄も、いろんな影響を受けて、刻々と変わっているのです。

普通の人間の認識能力では、壁の変化はアスパラガスほどわかりやすくはありません。それでも五十年くらい経ったら、同じ壁ではないでしょう。どこか劣化しているのです。それはあるとき突然の変化の結果ではなく、この瞬間、この瞬間の変化の結果なのです。

話をしながら、私はどんどん変わっていきます。水分も失うし、喉も渇く。エネルギーも使う。その声を聞く人は、私のエネルギーを受け取って、また変わる。

このように、ありとあらゆる局面で、因果が連鎖しているのです。私も世界も無常なのです。私が知る世界は、絶えず変わっていくのです。変わり続けるから知ることができるのです。「永遠」ということはあり得ません。それは明らかな妄想概念です。ただの単語です。実体はありません。

あらゆる現象に価値はない

「これが私のもの」と言っている瞬間にも、その「これ」は変わっています。「私です」と言って終わったところで、いるのは前の私ではなく「別な私」なのです。「わ」と言った分だけエネルギーを使って、もう違う存在です。「た」と言ったらまた別の人間。「し」と言ったらまた別の人間です。

自分を、相手を理解するなら、そうした「変化の流れ」を理解するしかないのです。したがって、「困ったり、悩んだり、執着したり、攻撃したりするのに値する現象」は、ありません。あらゆる現象に価値はありません。

「あの人が憎い」などと言えるわけがないのです。どんどん変わるのですからね。ある人に腹が立ったと殴りに行っても、目の前にいるのは別人なのです。別人を殴ることになるのですよ。

「あの花はきれいだ」と摘みに行っても、もう別の花です。

遠くから見る富士山はきれいですが、登ったら最悪です。それで登った人は太陽を見るのです。きれいな山に近づいて、近づいて、それで結局、太陽を見るってどういうことでしょうか?

「変わらない」という誤解のせいで、我々は何かをほしがるのです。

この先四十年生きていると思うから家がほしくなる。あと半年の命なら、新しい家は買いません。

貯金だってそうです。ずっと生きていると思うから、お金がほしくなるのです。欲張るのも、喧嘩するのも、「変わらない」という誤解のせいなのです。

世界は、何もかも変化しつづける無常なる世界なのです。それを知るなら、悩みも執着もひとかけらもなくなります。あらゆるものが執着に値しないとわかるのです。

昨日、私が誰かに殴られたとする。しかし、今日は違う自分、違う相手なので、仕返しは成り立ちません。お互いに別人ですからね。

無常を認めないから仕返しをする。恨み、憎しみを持っている。欲を抱いている。だからすべての煩悩が、この「変わらない」という誤解のせいなのです。「無常」を理解しないせいなのです。

心の眼で無常を発見する

私も、世界も同じスピードで絶えず変わっていきます。

しかしすべて同じスピードなので、この変化がわかりにくいのですね。壁をじっと見ていても、壁が変わっていることがわからないのです。それは見ている私も壁も、同じスピードで変わっていくからです。物質は素粒子のかたまりで、素粒子は同じ速さで変わっているでしょう。だから「私が見ている」という気持ちしかないのです。問題は自分と世界の変化のスピードが同じことにあるのです。この「同じスピード」という点に、人間は騙されるのです。

毎日、子供を見ているお母さんは、子供の変化にあまり気づきません。ところが一週間のキャンプから子供が帰ってくると、「たくましくなった」などと大きな変化を発見して驚くのです。

私も壁も、お母さんも子供も、同じ速度で変化しています。しかし我々は普段はそのことに気づきません。それは並んでジョギングしていると、互いに止まって見えるようなものです。

そこで仏教では集中力を育てて、変化を発見する能力を高めるのです。心の変化は物質よりずっと速く、光の十七倍です。心の眼で見ると、心の無常も、物質の無常も見えてきます。心は物質と変化の速さが違うので、変化していることがわかるのです。

無常を発見すると、いてもたってもいられなくなります。すべてが変化し、何につかまることもできない。それまでの世界はすべて崩れます。自分もなくなる。言葉もなくなる。それから心は安定して、怒りも憎しみもなくなるのです。

覚りとは「いままで馬鹿でした」と知ること

無常は稀有な発見です。無常が事実です。無常が真理なのです。無常を知ることで人の心はたちまち解脱します。一切の苦しみは消えてしまいます。仏教的な無常がわかると、覚っているのです。

「執着したり、困ったりする必要は、はじめからなかった」「自分さえも無常だから、執着は成り立たない」と知る人は、完全なる解脱・平安を体験するのです。

世間一般では、「自我を捨てなさい」「執着を捨てなさい」というと、「かわいそう」「もったいない」と思うのですが、「そもそも、そんなものは、はじめからない」のです。

世間には「覚り」について煩悩が音をたてて弾けてなくなるような大それたイメージがありますが、そうではありません。覚りとは「なんだ、自分は成り立たないのだ」と知ることなのです。「いままで馬鹿でした」と。それで終わりです。

無常は無上の真理

一切は無常です。無常は真理です。真理はこれだけです。「無常」は正覚者《しょうがくしゃ》（ブッダ）が発見した聖なる真理、この世に比べるものがない尊い真理です。

物質も心も、ありとあらゆる存在が、無常です。無常だから存在するのです。無常でなければ存在しません。

無常は「存在のある側面を説明する概念」ではありません。「見方によっては無常ですが、別の側面もあります」ということではありません。

「この花はきれいですか？」と聞いたら、人によって見解が違います。それは人の価値観に基づいた見方だからです。

しかし無常は存在そのものであって、人の価値観とは関係がありません。「私から見れば無常です」ということではありません。

「地球は丸い」というのは客観的な事実であって、見解とはいえませんね。「地球は丸いと思います」ではなくて、「地球は丸い」という事実です。理屈としてはこれと同じです。誰かの価値観は一切関係ありません。そして「存在は無常」は、「地球は丸い」とは比較にならないほど客観的な事実、真理なのです。

ブッダが、無常こそ世界を貫く法則であると、発見なさったのです。一切の現象は、ことごとく、残りなく、余すことなく、すべて一時的で、瞬間的で、変化していることを、ブッダが初めて明らかになさったのです。

これがどれほどの知性か、考えてみてください。

「一切を貫く法則は何か？」と問われて、答えを出せますか？

「無常である」と正しく答えたのはブッダだけなのです。最高に難しい問いに対して、誰にでも正しいとわかる客観的に証明できる事実、真理を提示したのです。

「一切が無常である」と知ることは、このうえない最高の智慧です。これ以上の智慧はありません。無常がわかれば、生命がすべきことはもうありません。だからブッダは覚りを得て、「成すべきことは成し終えた」とおっしゃったのです。

無常は無上の真理なのです。

聖なる真理は役に立つ

覚らなくてもブッダの教えは役に立つ

無常は、仏教の修行者にしか役に立たない教えではありません。完全に無常を知って覚り、解脱にいたらなくても、「存在はすべて無常なのだ」と覚えておくだけで、人生は完全に平穏になり、幸福になるのです。無常はすごく役に立つのです。

無常を知る人は、子育て上手

自分も他人もすべて無常だとわかると、楽しくなるのです。

赤ちゃんの激しい変化、成長が何より楽しいなら、その子供は死ぬまで同じスピードで変わっていくことを理解しましょう。

普通の世界では、お母さんたちはそうではありません。

赤ちゃんが毎日すくすくと大きくなって、ある日、歩くようになって、保育園、幼稚園に入って、小学校に入って、もう楽しくてしかたがないのです。

やがてそれが苦しみに変わるのです。

それは無常に反対するからです。

子供は同じ速度で、ノンストップで変わっているのだと知っていると、ずっと楽しいのです。思春期のとき、若いとき起こる変化は問題になりません。ちょっと乱暴しても、赤ん坊を見る気分で「そういう歳になったのか」と楽しんでいられる。

子育てでは、「常に変われ！」「今日と同じではダメだぞ！」と子供の背中を押すと良いのです。そうすると着々と成長するのです。これは大事なポイントです。

あるときは「変われ」、あるときは「変わるな」というのではなくて、「死ぬまで変わりなさい」という一貫した態度で向き合えば、子供はどんどん成長するのです。

無常というのは、すごいのです。これで教育上の問題はぜんぜん起きません。子供が引きこもりになったりしないのです。

無常を知る人は、性格が柔軟

世界も自分も無常だと知ったからには、子供に「変わりなさい」と言う親もまた変わらなければなりません。一緒に変わっていくのです。そうすると毎日、毎日、新しい対応をしなければならないでしょう。それが刺激的で楽しいのです。

つまり無常を知ると、性格が柔軟になるのです。無常を知っておけば頑固にはならないのです。怠けたり、落ち込んだり、ボケたりする暇もありません。頭も良くなります。ですから仏教的な無常を知る人は、自然に知識が常に発展します。これは軽快で、気分がいいのです。

無常を受け入れない普通の知識人は、やがて歳をとって、保守的になってしまいます。歯を食いしばって勉強した仏教学者でも、歳をとったら「南無阿弥陀仏」を唱えるのです。それでは、田畑を耕して「南無阿弥陀仏」と唱える昔の普通のお年寄りとどこも変わらないでしょう。勉強しても勉強しても、まるで発展が見られないのです。

無常を知る人は、注意深い

景気が良いとき、商売が繁盛しているとき、着々とものごとが上手くいっているとき、人は舞い上がって、腰をいったん下ろすのです。

注意力が弱くなり、安心感に浸ります。「よかった」という具合に。

しかし環境は変わります。すると平和ボケしていた人は対応できません。負ける。倒産する。破産する。悪くすると自殺したりもするのです。

こういうのは世間によくある話です。

無常を知っている人は、常に状況を観察しているから、環境が変わっても対応の仕方を発見します。失敗しないのです。

仏教的な無常を知っているなら、失敗、倒産は、「だいたい」避けられます。「だいたい」というのは、突発的な要因もあるからです。百パーセント大丈夫、ということはありません。

愛する二人が「永遠の愛」を誓って結婚をする。それから、落ち着いて怠けるのです。とくに女性は、婚姻届を出すと気が緩みがちです。

しかし現実には、「永遠の愛」どころか、「何一つも永遠ではない」のですよ。よくもあんな大嘘を言うものです。

ですから無常を知っている人は、日々、相手の心に安らぎを与えるために努力するのです。

仏教的に見れば、結婚は一日で成立するものではありません。「毎日すること」なのです。自分も相手も常に変わるのだから、毎日、相手の気持ちが良くなるようにお互いに注意するのです。そうすると何の不安もなく、離婚することもなく、死ぬまで幸福でいられるのです。

「永遠の愛」を誓ったら、ひどい目にあいます。

無常を知る人は、落ち着いている

脳卒中も心臓発作も、突然なるものではなく、自然の流れです。ずっと悪い状態が続いているという流れからいたる症状なのです。

「どうして私がガンになったのでしょうか？」と聞いてくる人がいますが、それは「そういう流れがあったから」です。ある日突然ガンになったりはしないでしょう。

無常を知っているならば、病気にも、適切に楽しく対応できます。病気になっても、幸福でいられます。病気になっても、「自然の流れだから」と落ち着いているのです。

マレーシアに私が昔から仲良くしている大長老がいます。九十歳近いのですが、すでに糖尿病を患っていて、心臓のバイパス手術をしたこともあるのです。

少し前にその方の容態がまた悪くなって、集中治療室に入ることになりました。とても大事にされている偉いお坊さんだから、若いお医者さんがつきっきりで診ることになったのです。

それであるとき、大長老の心臓が止まってしまった。するとすぐにそのお医者さんが駆けつけて、胸をバンバン殴ったのだそうです。それでまた心臓が動き出した。

私がお見舞いに行ったときには、そのお医者さんが子供みたいに大長老のそばについていて、足をマッサージしたり世間話をしたりしていました。それで大長老は、「あのね、お坊さんを殴るものじゃないよ」などと軽口を叩いている。ちゃんと修行した方だから、心臓が止まっても意識があって、ぶん殴られるのを見ていたのですね。お医者さんは、「またそんなこと言って」という感じです。私は「そうしなかったら死ぬでしょう」と言いました。

仏教はこんな楽しい感じなのですよ。「これは、いつ死んでもおかしくないな」というときでも、ぜんぜん深刻ではないのです。

老いてゆくときも同じです。ちょっと立つのが苦しいなぁというくらいで、楽しくいられるのです。

臨終のときも怯えたりしない。心を整えて落ち着いていられるのです。無常を知る人は、最後の最後まで幸福なのです。そういう心の状態で死ねば、蹴っ飛ばして落とそうとしても地獄には堕ちません。

無常を知る人は、パニックにならない

火事などでパニックに陥ると、さらに被害が拡大します。いいことは何もありません。無常を知る人は、事故、自然災害などに遭遇しても、「自然の法則」だとよく知って落ち着いて対応する。すべてが常に変化することを知っているなら、パニックに陥ることはあり得ません。

医者がいないところで誰かが心臓発作になっても、落ち着いていれば対処の仕方がわかります。

何が起きても、「あぁ、嫌だ、嫌だ」と精神的にふさぎ込むことはありません。「どう

しましょう?」「あ、そう。じゃあこうするぞ」とさっさと動く活発な人間になります。パニックにならないのでＰＴＳＤ（心的外傷後ストレス障害）とも無縁です。

無常を知る人は、明るく生きる

無常を知る人は、ものごとに批判的になったり、文句ばかり言ったりしません。性格が明るいのです。

過去に足を引っ張られて後悔することはありませんし、将来に対してもしつこく期待しません。だから精神的な悩み、病気はほとんどゼロです。

妄想に陥ることがないので、精神エネルギーと時間を浪費しません。

無常を知る人は、楽しく生きる

ブッダの言う通り、「私も世界もすべて無常だ」と知っておくことが大切です。すべて瞬時に流れていくのです。

評価に値する価値など、どこにもありません。仕事、子育て、お洒落、遊びなどは人生の目的ではなく、生きるうえで行う一時的な行為だと知ることです。「これが人生だ」などと馬鹿なことを思わないことです。

生命は「ただ生きている」のです。生きていること自体に目的はありません。

では人は、どのように生きるべきでしょうか？

仲良くしたほうがよいでしょう。優しくしたほうがよいでしょう。自分も皆も楽しく生きたほうがよいでしょう。これが仏教の提案です。

誰かが悲しんでいれば慰めてあげる。誰かが笑っていれば一緒に喜ぶ。それで充分です。

「子供が生まれたら育てる」。そんな具合に気軽にやるのです。仕事も気楽にやるのです。「仕事こそ人生だ」などと思わないことです。

誰かが「お茶ちょうだい」と言ったら「はい、どうぞ」でよいのです。それを「そんなことぐらい自分でやってちょうだい！」と怒鳴ったりすると、自分が苦しいでしょう。

そのときそのときの対応で生きていれば、すべて楽なのです。

これが「有効に生きる」ということです。とても上等な生き方なのです。

無常を知る人は、心を育てる

無常を知れば、罪を犯したりはしません。人を怒鳴ろうとか、殴ろうとか、あり得ないのです。

無常を知らない人は感情で束縛されています。怒り、憎しみ、悲しみ、嫉妬、落ち込みに縛られて、自由がありません。軽快に動けず、何もはかどりません。

結果として、瞬間的に変わるこの世界で、間に合わない、時間がない、忙しいという羽目に陥るのです。ほとんどの人は仕事をしているといっても、ほとんどの時間は感情的な泥沼でもがいているのです。

「すべては無常なのだ」と知っている人は、そのようなことがないので、忙しくありません。さっさとものごとを処理するので、時間に余裕があるのです。その時間を使って、さらに心を育てて、覚り、解脱を目指すのです。

第4章……無常の世界の予測術

どうして先が知りたいの？

儲け話にしか興味なし

予測能力とは、「こうなるんだな」と「何かの未来を洞察する能力」です。仏教でも予測能力は「生きていくうえで必要な能力」だと考えています。

一方、世間が評価する予測能力は、そのほとんどが経済関係です。つまり「儲かるのか？」は誰でも気になるし、それを当てられると重宝されます。「値上がりする株を教えてくれるなら、こんなにありがたいことはない」ということです。

経済の世界では、ある程度有効な予測方法が発明されています。「今年の製造業の景気はまずまずでしょう」といった予測はそれなりの根拠に基づいたもので、大きくはずれることは少ないようです。

経済以外の予測には、人はあまり興味がありません。自分の将来、健康についてでは占い程度です。「私はいつ結婚できるの？」と気になる女の子が、占いに凝ったりしますね。

宗教の予測は当たらない

宗教の世界には予言がたくさんありますが、当たったためしがありません。

世紀末の大騒ぎを思い出してください。日本中が大騒ぎしたでしょう。突如として世の中に出てきた世紀末専門の新興宗教もありました。

当時いちばん人気があったのは「ノストラダムスの大予言」ですが、やっぱり何事もなかった。そもそもあの人は予言しているわけではないし、正気で調べてみると、予言としてはすべてはずれだとわかります。普通に読めば、ただの「詩」ですよ。詩人の妄想です。

ユダヤ教では、すぐ近くに恐ろしい世紀末が迫っていると思っていましたし、キリスト教でも、最後の審判が間もなくのうちに来ると待ち構えていました。これまで何度も計算して期限を出してきたのですが、何事もなかったのです。二十世紀末になって、彼らは「こんどこそは」とちょっと本気で身構えていたのです。けれど結局、何もありませんでしたね。

オーストラリアでは、マリア様が姿を現すと発表した人がいました。彼にだけメッセージが送られてきたのだそうです。雲や空気の加減でマリア様に見えるのだと。それで世界中からたくさん人が集まって待ったのです。しかし結局、何も現れませんでした。そうしたらその人は、神様から「延期する」とメッセージがあったと言ったのです。予定を延期せざるを得ない神様とは、いったい何なのでしょうか?

宗教の予言は、すべてこんな具合なのです。

欲・苦しみ・怠けが原因で、予測を求める

なぜ我々は、将来のことを気にするのでしょうか?

それは人間が「欲」の感情に支配されているからです。「もっと、もっと」という気持ちがあって、将来に目を光らせるのです。「どうすれば儲かるか、なんとかして知ってやろう」と予測するのです。

また人は不安、怯え、怒り、怠け、苦しみを感じています。そのために将来を気にす

るのです。「あんなことになったら嫌だ」「叱られるかもしれない」「なんとかして報復してやろう」「この辛さから逃れられないだろうか」といった暗い感情から予測に頼るようになるのです。

意外かもしれませんが、「怠け」も予測に関係があるのです。「将来、何かメリットがあるならやりたいけど、そうでなければやりたくない」などと考えるのです。

世紀末のハルマゲドンとか最終審判とか、そういうものに集まった人は、相当な怠け者です。「隕石が墜落してくるから、シェルターにこもりなさい」「悲惨な核戦争があるから、先に死んで天国に生まれなさい」といったご託宣に、自分だけ得をした気分でいそいそとついていくのです。いとも簡単に自分の行動を人任せにしてしまう。判断することを放棄するのです。怠け者もいいところです。

仏教に世紀末論はありません。仏教は「瞬間瞬間すべてが生滅している」という真理を説きます。そこから「百年ごとに世界を破壊し尽くす」などという発想が、生まれるわけがないのです。

いまが苦しい人は、いまの自分の現実の苦しみから逃げようとします。それで悲惨な世紀末論にさえ飛びつくのです。そうなると仏教的な「ただの無常」という現実を理解することが、とても難しくなってしまいます。

予知に励むと、世界は真っ暗

「未来が正しく予知できれば幸福になれる!」「幸せは約束されたようなものだ」と思っているでしょう。そう思うのは普通の感情です。

しかし実際には、本気で予知に励んだりすると、世界は非常に暗くなるのです。

中国やインドでは文化的に占いが定着しています。そういう国で占い師が集まっているエリアへ行ってみると、「暗い」のです。それはそこに集まる人々が、不安、不満、苦しみに陥っているからです。

予測能力がなくても、人は試行錯誤しながらそれなりに幸福な社会を築いています。

ですから予測能力は、必要不可欠とはいえません。

そもそも現代の社会は、予測能力によって作られたのでしょうか?

それは逆です。予測できないから、社会が発達してきたのです。

いつ地震が起こるのかさっぱりわからないから、建物を頑丈にする必要がある。そのために建築技術が発達するのです。

「成功する保証があれば努力する」という気持ちは「怠け」の感情です。前向きな社会にとって迷惑です。

逆に占い師に「失敗する」と言われてそれに反発して努力して成功するくらいなら、かなり能力が高いといえます。

かりに将来を完全に予測できる社会があると推測してみましょう。

その社会には、生きる喜び、成功したときの感動などはありません。最初から「そうなるのだ」と知っていると、面白くありません。

現代の社会でも同じことがあるでしょう。生まれてくる赤ちゃんが男か女か百パーセントわかっていると、生まれてきて性別を知る感動がありません。知らなければ「どちらかしら?」「どちらだろうね?」と楽しいのです。ベビー服を用意するのも難しくなって、面白いのです。ワクワクするのです。

もし未来を完璧に知っているのなら、何の楽しみもありません。とても暗くなります。生きながら死んでいる「ゾンビ」になってしまうでしょう。

未来の予測にばかり気を取られると、挑戦的な精神が弱まって、個人も社会も向上しなくなります。

人間は、一か八かわからないから挑戦するのです。挑戦すれば、失敗しても能力がつきます。進歩があります。それで向上するのです。

よく「あまり結果を気にするな。目の前の仕事を着々と進めることが大切だ」と言いますが、それはこういう理由からなのです。

結果ばかり気にすると、「なんとか神様、お願いします」と神頼みもするでしょう。それで暗くなって、仕事ができなくなったりするのです。

無常批判の大掃除

無常への批判1：無常論は暗い

少し角度を変えて、仏教の外部から仏教的無常論を批判的に考察してみましょう。まず単純な誤解に基づく批判を片付けます。

「すべては無常です」と言われると、「なんだか暗くて嫌だ」と反発する人が多いようです。

ところが話を聞いてみると、たいていの人が「無常」と「無」を混同しているのです。大乗仏教の経典「般若心経」には「一切皆空《いっさいかいくう》」という教えが説かれています。「一切は空である。ゆえにすべては無い」というのですね。皆さんはそれと「無常」をミックスしているようです。

そもそも「一切皆空」の思想は、ブッダの考えではありません。真理ではありません。そうではなくて、お釈迦様は「諸行無常」とおっしゃったのです。

「諸行」の「行」は「原因によって組み立てられている現象」という意味です。つまりお釈迦様は、「すべての現象は原因によって一時的に組み立てられたもので、常に変化していきます」と言ったのです。

無常への批判2：人生のモノサシがない

「何でも無常」ということは「先がわからない」ということです。すると先を予測して計画を立てることができなくなります。「どのように生きたらいいのか」というモノサシ、ガイドラインがなくなります。

人間は「あの人を信頼していたのに、裏切られた」というだけでも、途方に暮れてしまうものです。「麻原さんこそ最終解脱者だ」と思ってオウム真理教に入った若い子たちは、彼が逮捕されて行き場を失ってしまいました。世界が無常なら、そんなふうになってしまう恐れもあります。

無常への批判3：結果を期待する前向きさがない

すべてが無常なら、この先どうなるかまったくわからないので、結果を期待することもできません。

人が何かをする場合、何かしら良い結果を期待するのです。それで「いい結果になりそうだ」と前向きになれるのであって、「すべて無常だから先のことは何一つわからないよ」と言われると、なんだか尻込みしたくなります。

それで「どうせ先のことがわからないなら、いまのままで生きていればよいのではないか」とも思います。「まぁ、このままでいいか」とやる気のないゾンビのような状態にもなる。向上心もありません。

以上、仏教的な無常論を外から批判してみました。これで私は「予測できる世界」を批判したあとで、「無常の世界」も批判したことになります。

なぜこんなことをしたかというと、次に私は「無常の世界への批判」を封じ込めるつもりだからです。

こうした論の立て方は、インド哲学の伝統的な論争方法です。自論を立てると同時に自論への反論も立てて、その反論もやっつけてしまう。これによって相手の機先を制するのです。自論しか展開しない西洋的な方法よりも、論理的な強度がはるかに高い方法です。

ではこれまでの無常論への批判に対して、仏教の立場から反論していきます。簡単なところから答えます。

無常批判への反論1：無常は事実、真理です

仏教の無常は事実、真理です。暗い、明るいといった個人的な感情は関係ありません。「あなたの好き嫌いは関係ない」ということです。

「地球が丸い」ことは事実です。それと、ネコがそのことを知っているかどうかは、何の関係もありませんね。ネコが知っていようが、知っていまいが、地球は丸いのです。それと同じです。誰かの好き嫌いとは関係なく、世界は瞬時に変わっているのです。

物質の世界も生命も、すべてが無常で変化しています。停止しているものではありません。すべてが一時的、瞬間的な現象なのです。これは証明できる明らかな事実です。

「無常では、生きていくガイドラインがなくなってしまう」「やる気を失ってゾンビになってしまう」「面白くない」と反論しても、まったく無駄です。そもそも「正しい、間違っている」といった論理の土俵に上がらないのですからね。無常批判というのは、原理的に成り立たないのです。

宇宙の変化：膨張する宇宙（まめ知識）

ここで言う「物質の世界」とは全宇宙です。全宇宙が瞬間たりとも停止しないのです。私たちは瞬間たりとも一カ所にいません。恐ろしいほどの速さで動いています。「動いている」というのも、周囲が停止している中で動いているのではなく、何もかもが動いているのです。

それだけではありません。物質の中身もずっと変わりつづけているのです。

いまの宇宙は空間的に膨張しています。どんどん大きくなっています。これは現代の科学でもわかっていることですね。「銀河と銀河の距離が光よりも速い速度で広がっているから夜空が暗いのだ」という話を聞いたことがあるでしょう。

しかしそれだけではありません。原子一つのレベルでも微妙で大きな変化が起きているのです。

物質の「質」が変わるのです。どれくらい先かわかりませんが、おそらく何千億年よりはるか先には、鉄も鉄ではなくなります。酸素も酸素でなくなります。

宇宙が膨張すると同時に、物質を構成する素粒子と素粒子が離れつつあります。拡散しつつあります。原子では核の周りを電子が回っていますが、素粒子の変化によって核も変わり、電子も飛び出す。これによって物質が変わるのです。

まだ現代科学では発見されていないエネルギー、物質が膨大にありますが、そのすべてが変わっているのです。

宇宙の変化：膨張する宇宙の特徴（まめ知識）

宇宙が膨張していることは、身近で、常に確認できます。

我々の身の回りの物は、どんどん古くなっていきますね。その「古くなる過程」を見てください。

紙が黄ばんでいく。蛍光灯が暗くなる。靴の底が磨り減る。鉄が錆びる。人間の体なら、肌のハリがなくなったり、視力が落ちたりします。

つまり「古くなる過程」は「減る過程」なのです。「古くなった」ということは、「能力、エネルギーが減った」「何かが出ていった」ということなのです。これは物質が拡散しているから起こる現象です。

酸化した鉄は、鉄の能力を失っているのです。酸素は鉄と結びつくことによって酸素の能力を失っているのです。いま、我々の目の前で、宇宙の膨張と同じ膨張原理が働いていることが確認できるのです。

「世界は一方的に減っている」のです。減るだけなのです。

宇宙の変化：収縮する宇宙の特徴（まめ知識）

宇宙は膨張した末に停止して、やがて消滅します。その後、また気の遠くなる時間を経て、収縮を始めます。そこにまた銀河が現れて地球が現れ、人間が誕生すると想像してください。

当然そこでも人間は老いて死ぬのですが、そこは「収縮する宇宙」です。いま我々が生きている膨張する宇宙とは、死に方が違います。収縮する宇宙では、人間は「減って死ぬ」のではなくて、「増えて死ぬ」のです。増えて増えて、やがて人間として機能できなくなって死んでしまうのです。医者に「こんなに心臓が大きくなっては、もうダメだ。諦めたほうがいい」と言われるのかもしれません。

仏典には、ブラックホールについても簡単に神話的に書いてあります。

ブラックホールは宇宙の一部です。非常に数多くあるのですが、そこは我々の住む膨張する世界とは反対に、収縮する世界です。そこには生命もいます。ただ極端に質量の高い物質ばかりの世界なので、生命は動けないのです。ほかの生命がいるということも知らない。苦しみを感じていて、喜びはありません。

ブッダが「生命」と言えば、それはすなわち「全生命」です。仏教徒が「生きとし生けるものが幸せでありますように」と願うときには、こうした生命も含めた全生命の幸せを願うのです。

無常はコントロール不可能

暴れ馬も、手綱をきちんと持っていれば乗りこなせます。そのような便利な管理・制御システムが無常の世界にもあれば、安心して生きられるように思います。

聖書は論理的に破綻していますが、一応、神が完全に管理しているシステムを描いています。永遠の完全無欠な神が、どういうわけか寿命の限られた失敗作の人間を創って、あれやれ、これやれ、と命令しています。人間は罪を犯したので死ぬことになっています。

しかしこの無常なる世界では、「すべてを一括管理する、固定して変わらないシステム、親分、インテリジェンス」が、「ある」ということは決して発見できないのです。一部の科学者は「宇宙は非常にきちんと整理された秩序だった世界のようだ」と思って、それを「神」という言葉で表現したりもするのですが、それは単なる感情です。希望的な観測です。

自分の心をいくら仔細に調べても、変わらない何かは発見できません。宇宙を管理している強大なパワーも発見できません。見つかるのは「生きていたい」という欲だけです。それさえときどき嫌になって、極端に無気力になって自暴自棄になったり、暴力的になって戦争したりするのです。

「ない」と言うのは、難しい（まめ知識）

ここで仏教の論理学に少し踏み込んでみましょう。

さきほど、「この世界ではすべてを一括管理する固定したシステムが『ある』ということは決して発見できない」という回りくどい言い方をしましたね。これはもちろん意図的です。

筋道を立てて説明しましょう。

①「花がない」という宣言は「花」を前提にして成立しています。「花＋がない」しか「花がない」ですからね。論理的に、「花」なくして「花がない」とは言えないのです。これと同様に、「一括管理するシステムが、ない」という宣言は、「一括管理するシステムが、ある」ことを前提にして成立しています。要するに「ない」と言うためには「ある」が必要なのです。

②ところが「一括管理するシステム」は世界のどこを探しても発見できません。そんなものが「ある」というのは、論理的に成り立たないのです。

③結局、「一括管理するシステムが『ある』ということは決して発見できない」と言わざるを得ないのです。

論理的に「ない」が成り立つことが難しい理由は、まだあります。

世界には花がありますす。だったら「この部屋に花がない」と言えるでしょうか？駄目です。論理的に正しく「ない」が成り立つには、「いま、この部屋に花がない」のように時間的なリミットが必要なのです。私たちが帰ってから誰かが部屋に花を持ち込めば、「この部屋に花がない」という文章は嘘になってしまうからです。空間と時間で限定するならば、嘘にはなりません。

このように「ない」と証明するのは、簡単ではないのです。気軽に「ない」と言い切れるものではありません。空間、時間を考慮して、限定的に語るしかないのです。

ここで多くの人が引っかかります。たとえば、「お釈迦様は非我とは言っているが、無我とは言っていない。我を完全に否定したわけではないのだ」と言う人たちがいます。私にとっては、無我でも非我でもどうでもいいのですが、要するに彼らは「ブッダは我を認めていたのだ」「ブッダは我がないとは言っていない」と言いたいのですね。子供の言いがかりのように感じます。これは彼らが「ない」と言うことの難しさを理解しないからなのです。

逐一こういう論理的に厳密な言い方をしていると話がわかりにくくなるので、私も「永遠不滅の神はない」といった、論理的には穴のある一般的な言い方をしています。しかし、厳密に真理を語るなら、「永遠不滅の神があることは発見できない」という言い方が本来は相応しいのです。少し頭の隅に置いておいてください。

無常批判への反論2：無常だからワクワク生きる

誰も彼もが「世界が自分の思うように変わってほしい」と願っています。生命にはそういう「変な期待」があるのです。

そういう欲望があるから、「無常だと結果が期待できないので、楽しくない」「前向きになれない」などと不満を言ったりもするのです。

たまたま期待通りにいけば、嬉しいのは自然なことです。「明日、仲の良いあの子が遊びに来てくれないかなぁ」と願っていて、本当にその子が来てくれると、それは楽しいでしょう。

しかしそうそう都合の良いことがあるわけがありません。世界は誰の家来でもありませんから、願望、希望が叶えられる権利を、誰一人として持っていないのです。言うことを聞き入れてもらえる道理がありません。「明日はこうなってほしい」と欲すると、無常という事実に逆らい、無常を侮辱していることになりますから、失敗するのはむしろ当たり前ですし、「うまくいった」と思っても、それはたまたまです。

「明日はどうなるかなぁ」という気持ちでいると、常に未知の世界を探検しているような気分になるので、面白さが増します。無常に納得がいくと、とても楽しいのです。ワクワクします。

「期待」があると、すでに危ないのです。「無常を生きる楽しみ」を手放している可能性があります。ですから期待というのは、あまりよくありません。

「明日、仲の良いあの子が遊びに来てくれないかなぁ」と希望するのではなく、「明日はどうなるかなぁ」と思いましょう。

無常批判への反論3：無常だから努力が実る

世界と存在は無常なので、瞬間たりとも止まることなく変わっていきます。

そこで「どうせ変わるから、無駄だ」と思って、無気力で投げやりなゾンビになることもできます。

しかし「どうせ変わるなら、こうしよう」と思って、明るく向き合って、その変わり方、変換していく方向を調整することもできるのです。向上することもできるのです。

川が流れている。これは事実です。

そこで、「川は流れるものだから、どうしようもない。洪水になって何もかもが流されることもあるけれど、仕方がない」と決めつけてゾンビになることはできます。一方で「水を堰き止めてダムにして、放水するときにモーターを回して電気を作ろう」という考え方もあるでしょう。水の管理もできて、一石二鳥です。

どちらの態度を取るのかということです。

水力発電のシステムを作った人が、無常に逆らったわけではありません。川の流れを止めたわけではありません。流れる川は流れます。スピードも同じ。しかし川の流れ方を変えたことで、良い結果を得ているのです。努力は実らないはずはありません。

「無常だから努力は無駄だ。実らない」ということはありません。努力という働きかけは一つの原因になるので、当然それによる変化は起こるのです。

無常だからこそ、我々の努力は実るのです。無常でなければ、変化しない世界ならば、努力は実らないのです。

無常批判への反論4：無常だから進歩する

無常を理解することによって、我々には成長する、向上する無数の道が現れてきます。

無常のおかげで人は成長するのです。

無常だから能力の開発が可能なのです。勉強することも、研究することも、それによって知識を増やすこともできるのです。

無常だから文化の発達が可能なのです。映画・音楽などの芸術を作ることも、それらを鑑賞して喜ぶこともできるのです。

絶対的な神様を信仰していようが、永遠の魂を信じていようが、それは観念の世界です。誰が何を妄想しようと、実際の世界は無常です。

その無常の世界で、人間はあらゆる発見をし、開発をしているのです。医学、植物学、生物学、地理学、科学の世界の進歩、発展は、みなそうです。

現在、地球の磁場はずれつつあるので、いま「北」は、シベリアのほうにずれていきます。「北」が変わりつつあるのです。将来、オーロラは、アラスカではなくて、赤道で見るものになるかもしれません。昔はコンパスで正確な位置を確かめられましたが、北がずれたのでは、コンパス頼りではどこにも行けなくなります。

しかし現在は、普通の車にもカーナビが付いています。あれはコンパスとは原理が違います。人工衛星で地球を宇宙から観測して位置を調べるＧＰＳという装置が使われているのです。カーナビがあれば、磁場の狂いに影響されることなく、行きたいところに行くことができます。

無常のおかげで生きている

すべて無常ですから、人間はいろんな変化に興味をもって、変えて、変えて、変えて、対応して、開発しているのです。

もし世界と命が固定したものなら、すべて駄目ということになる。ダンテが描いた地獄のように、何も変化がない状態になってしまいます。

すべてが無常だから起こるのです。起こることはすべて、無常だからこそ起こるのです。世の中で、宇宙で起こる出来事は、一切すべて無常のおかげです。

無常は善悪の問題ではありません。生まれることはありがたく、死ぬことは悲しい、などというのは人間の勝手な思考です。

無常は事実であると同時に、人間を生かしてくれるものでもあります。

「生きている＝留まっている」ではありません。無常だから、不幸になっても一時的です。喜びがあっても一時的です。

健康であっても病にかかります。病気になっても治すことができます。

我々が生きている間中、全細胞が動いています。一つ一つの細胞が、二十四時間、部品交換をしたりして、ものすごい変化を起こしているのです。それが生きているということです。「生きていること＝無常」なのです。

我々は、無常のおかげで生きているのです。

以上で、無常に対する誤解、反論に、仏教から答えを出しました。一言でいえば「無常という事実に基づいて生きるなら、明るく、元気なのだ」ということになります。

無常をめぐる諸宗教の失敗

なぜ現象は変化する？

この章の最初に「仏教は、予測能力を生きていくうえで必要な能力と考えている」と言いました。

そこでここからは「無常の世界には管理するものがないのに、計画できるのか？　予測可能なのか？」という問題について、答えていきます。

その前に「無常とは何か？」について、もう少し踏み込んでみましょう。

なぜオニギリ一個を二日、三日机の上に置いておくと、腐りかけるのでしょうか？

なぜ現象は変化するのでしょうか？

現象は、そのままでは安定していられないから変化するのです。これが答えです。もう少し詳しく説明しましょう。

心と物質は、常に不安定な状態です。「不安定な状態＝安定に向かう状態」です。それで別な状態に変わります。それでもその状態も不安定で、さらに変わってしまうのです。そのようにして生命と宇宙は、変わり続けるのです。これがすなわち無常です。

ニュートンの物理法則でも、物質が安定を目指して動いていくことがわかるでしょう。ボールを転がしても、永久に動き続けることはありません。それは安定に向かっているということなのです。「こちらでよろしい」という感じで。

ボールはいずれ停止します。それでもボールが安定したわけではないのです。静止しているように見えますが、それは我々が地球という乗り物に同乗しているからです。地球はすごいスピードで動いているので、ボールが止まったことにはなりません。それに原子、中性子のレベルで、物質は常に動いているのです。

オニギリの色、形、水分は常に不安定です。だから一部は出てゆくし、一部は入ってくる。それで変わります。

オニギリが食べられなくなって、それで終わり、ということにも、もちろんなりません。カビが生えてくる、虫がわく、どうなるかわかりません。とにかく変化は止まらないのです。

心も同じです。

どうして我々は、ああでもない、こうでもない、あれは嫌だ、これがいいと、あらゆることを妄想するのでしょうか？

それは我々の心が、きわめて不安定だからなのです。不安定だから安定した状態を求めて、すさまじい速度で変化していくのです。

心は物質よりはるかに不安定です。物質の変化は光の速度ですが、心の変化はその十七倍の速度です。心は百分の一秒の間にも変わります。音を聞いただけでもガラッと変わるのです。

この変化の流れは絶えず続くのです。この生が終わっても、次の生に入るだけです。それが延々と続きます。それを輪廻というのです。生命の輪廻は、これで説明がつくのです。

変化はいつか終わる？

心も体も宇宙の物質も、すべて流れて、流れて、流れていきます。この変化には、終わりがありません。

安定した状態に達すれば変化は終了すると言えば、話としては論理的です。ボールが転がって転がって安定したら停止、と言えば、論理的には正しいのです。

問題は、それは事実ではない、ということです。

あらゆる現象は一時的で、安定する位置などありません。

心は、変わっても、変わっても、そのときの一時的な認識という現象なので、安定しません。

宇宙の物質も、変わった状態が不安定なので、さらに変わるのです。

「宇宙が膨張してつぶれたら、それで終わり」ということは、あり得ません。いずれ収縮が始まるのです。

誰しも、世界が無常であることは、知識としては知っています。

しかし心はそれ自体が不安定なので、無常を認められないのです。いつでも「自分の無常は嫌だ。死ぬのも殺されるのも嫌だ。苦しみは嫌だ」と怯えている。それで都合のいい「安住の地」を妄想してしまうのです。

それはたとえばこんな具合です。

人生は旅のようなものだ。旅というからには、きっと帰るべき我が家があるに違いない。いくら旅人とはいっても、安住の地がないのはあまりにかわいそうだ。人間には帰るべきところがきっとあるのだ。

これは妄想です。「いずれ人間は、あたかも旅人のようにしかるべきところに帰る」などという計画は、あるとは実証できません。たんなる頭の遊びです。

しかし実際に人間は、このようにして「安住の我が家がある」「帰るべき天国がある」と妄想するのです。

その妄想が宗教です。宗教は「無常の世界で我が家を探す妄想、考え方」なのです。しかもそれぞれが好きなように妄想するので、たくさんの宗教が出てくるのです。

では、世界の代表的な宗教を個別に分析していきましょう。

ヒンドゥー教の実家論

ヒンドゥー教では「真我《しんが》・梵我《ぼんが》・梵《ぼん》・神」などの言葉で、「一切の存在の大本」を「実体」として表現しています。宇宙であろうが生命であろうが、「真我・梵」という同じ「実家」から出てきた現象だというのです。簡単に言えばヒンドゥー教は「実家論」ですね。

現象は大本の実体「真我・梵我・梵・神」から出て輪廻転生をしていますが、大本に戻れば永遠に安住するそうです。安住した状態が、「梵我一如」です。ヒンドゥー教ではこの状態に戻るために修行するのです。

人間が輪廻転生する原因として

①真我が旅をさせる

②個我が自分で旅をする

という二つの理由が挙げられています。

①は、個我が、真我、大本の神様に、「お前、出て行け」と無常の現象の世界に追い出された、ということです。

②は、真我の一部が「何の変化もなくて、つまらない」と思って、真我から離れて輪廻転生することになった、ということです。

こうしたヒンドゥー教の考えを、仏教の立場から論理的に批判してみます。頭の体操だと思って気楽に読んでください。

簡単に言ってしまえば、梵我一如から現象の世界に出て、梵我一如に戻っても、それは振り出しに戻っただけで、やっぱり現象の世界に出て行かざるを得ない、ということになります。

もう少し遊んでみましょうか。個我が旅をする二つの原因、つまり①真我が旅をさせる、②個我が自分で旅をする、が成り立たないことを証明しましょう。

「①真我が旅をさせる」が、事実であるならば、元の真我に戻っても再び「神」が旅をさせるでしょう。

神が自分の一部を捨てて、「お前は現象の世界で銀河や惑星や衛星を構成しろ。生命になれ」と追い出したならば、この宇宙の中で輪廻転生を繰り返して、苦しんで苦しんで修行して、生命が真我に還ったとしても、また追い出されるのです。永遠不滅で変化しない神が心変わりするわけはありませんから、やっぱり「出て行きなさい」ということになります。

「②個我が自分で旅をする」ならば、元に戻っても、また旅に出てしまうでしょう。

酒飲みで暴力癖の父親が嫌で家を出ても、やっぱり実家が懐かしくて、母親の顔も見たいと、ホームシックになることはあるでしょう。では修行の末、真我に戻ることができたらどうでしょうか？　神は変化しませんから相変わらずなのです。ろくでもない父親は、相変わらず酒は飲むし、暴力癖も直っていない。だから実家に戻った子供も、やがて我慢の限界がきて、やっぱり出て行くしかないのです。

このようにヒンドゥー教の世界で最終的に到達すべき絶対的に安定した境地とされる

梵我一如、神との合一は、論理的に成り立たないのです。梵我一如（完全無欠の状態）は、成立しないのですね。

だいたい完全無欠の安定状態に「個我が生じる」という変化が起きるということからして論理的に破綻しています。

完全無欠の状態に「個我が再合流する」という変化が起きることも論理的に破綻しています。

また、変化を生んだ「完全無欠」が、「今度は個我を生まない」という性質の変化を起こすというのも、論理的に破綻しているのです。

すべての宗教はこんなものです。中途半端な頭の遊びです。論理的、科学的な思考ではありません。

だからお釈迦様は「これまで誰も最終的な解脱にいたっていませんでした」と言ったのです。仏教は宗教ではありませんからね。

ところでずいぶん辛口でしたが、仏教は、ヒンドゥー教の修行を否定するわけではありません。

修行で心の状態を変えて、人間のレベルを超えた経験をすることは可能です。挑戦と努力に応じた結果が得られるでしょう。

ただ「その修行によって最終的な解脱を得られるということはない」とお釈迦様は言ったのです。だから仏教では、ヒンドゥーの教えは完全には認めないのです。

中東の宗教は「天国」と「地獄」の二者択一

中東の宗教では、「神」が現象の世界を創造して、やがて神が決めた場所で、神が決めた状態で世界を安定させるのです。

キリスト教が提示する「安定した状態」は二つあります。神を信仰する人には「永遠の天国」、神を信仰しない人には「永遠の地獄」です。

中東にはキリスト教以外にもたくさんの宗教がありますが、いずれも「永久的な神と「創造されたもの」は完全に二つに分かれていて、同一ではありません。この点はヒンドゥーとは違います。

また二つの状態の割り振りは神の気分しだいですから、安定したとは言いにくい状態にあります。

神の機嫌が変わったらどうなるでしょうか？　怒るわ、嫉妬するわ、大量に殺すわ、そんなやりたい放題の気まぐれな神が、「ずっと君は天国でよろしい」ということがあるでしょうか？　天国ごと壊さないという保証もないでしょう。

神に対する個人の立場は常に圧倒的に低くて、恐ろしい神に始終怯えることになっています。

説一切有部《せついっさいうぶ》は「現在、過去、未来は同じだ」と説く

なんとしたことか「仏教」も、「実家を探す」という同じ失敗を犯すのです。

テーラワーダ以外のすべての宗派仏教は、「無常の世界は、最終的にどのようになるのでしょうか？」という疑問の答えを探してしまったのです。それで一神教の「神」に似た変なものを自分の頭で考え出して、勝手に納得してしまったのです。

しかしこれは「やってはいけないこと」です。現象の世界が実際の世界であって、現象の背後に隠れて「実体」の世界があるわけではないのです。あくまで客観的に、観察するしかないのです。観察して真理を発見するという方法が正しいのです。

かつてテーラワーダ仏教から分かれた説一切有部という宗派（部派）がありました。彼らはお釈迦様の言説を細かく細かく研究して、そこから複雑で膨大な知識体系を創造しました。大乗仏教に「小乗仏教」と批判されたのは、主に彼らです。

説一切有部は「すべては無常であるならば、実体としての本来の状態は何なのか。それは『いまの現象』ではないか」と「いまの瞬間の実体論」を考えました。さらには、「それならば、過去、現在、未来は同じものだ」(三世実有論)とも考えたのです。これはシンプルですが、論理的に成り立たない空虚な論理です。現在、過去、未来が同じでは、変化の起こりようがありませんからね。大乗思想のなかで見られる、「仏性・如来蔵・法身・大日如来」などの概念も、無常なる現象の中で「実家」を探した結果です。

我々テーラワーダ仏教も、「現在という瞬間のみ、あるのではないか」という態度を取っていますが、それだけに留めるのです。「一切は瞬時に変化して止まらない」というのがテーラワーダ仏教の見解です。観察すると、誰でもそのように発見できるのです。すべての宗教の世界では、限りない無常の世界に我慢できず、何か安定した変わらない実体を欲したのです。宗派仏教の人々も、残念ながらその例外ではなかったのです。

大乗仏教はブッダの教えを骨抜きにする

哲学的な大乗仏教は、「無常はどうにもならない状態だから、本来すべては空だ。何もないのだ」と考えて、ブッダの説いた教え、解脱まで「空」にして否定します。ブッダの教えを骨抜きにするのですよ。

日本の皆様に馴染み深い「般若心経」は、ブッダの言葉ではありません。あの経典は真理を語るのではなく、すべてを否定しているだけです。何の役にも立ちません。

あらゆることを否定すると、どうなりますか？　「否定ということまで否定する」と、もう「黙るしかない」でしょう。それは高尚な思想ではなく、思考停止という退廃です。そこから智慧が生まれることはありません。

大乗仏教の哲学は、この欠点のために、痛い目にあっています。それで葬式仏教などと呼ばれるようにまでなってしまったのです。

大乗仏教には「阿頼耶識《あらやしき》」という思想もあります。阿頼耶識は認識不可能な潜在的な意識で、顕在的な世界とのつなぎ役を果たしているそうです。すべての認識できる現象は無常ですが、認識不可能な阿頼耶識はあるというのです。それがこの世のカラクリで、現象世界を成り立たせているのだと。

しかし当然、「認識不可能なものをどうやって発見、認識したのだろうか？」という疑問が湧きますね。当たり前ですが、そんなことは実証できません。完全なる妄想、たんなる観念です。

ずいぶん口が悪いですが、それぞれの原典に当たるとこのように書いてあるのですから仕方がないのです。

仮説をごり押しして真説にする愚かさ

このように「無常なる現象の中で安定した位置を探す努力」によって、さまざまな宗教や哲学が現れてきました。

「無常なる現象の背後に、安定した状態がある」→「現象の背後の安定した状態を見つけてやろう」となってしまう。

「魂がある」→「魂を探し出してやろう」となってしまう。

「永遠なる天国がある」→「それはどんなものだろうか？」となってしまうのです。

皆、この調子です。

しかしすべてに致命的な欠点があります。こちらが批判するために論を立てる必要はありません。「すべては無常です。無常に安定した状態はありませんよ」で終わりです。

それですべて片付きます。

「現象に安定した状態があるかどうか」こそ問われるべきでしょう。

「魂があるかどうか」こそ問われるべきでしょう。

「永遠なる天国があるかどうか」こそ問われるべきでしょう。

それをすっ飛ばして「○○がある」ことにしてしまうのは、どうしてですか？

誰も彼もが観念的だから、こんな失敗を犯すのです。

仮説が間違っているのは、まあよいのです。仮説ですからね。間違うこともあるでしょう。「現象の背後に安定した状態があるかもしれない」でも「神がいるかもしれない」でも「真我があるかもしれない」でもけっこうです。

問題は、証拠によって仮説を改良するのではなく、仮説を何としてでも真説にしようとする態度です。現実に学ぶ謙虚さがないのです。

仮説を立てたら、それが正しいか確かめるために証拠を探さなくてはならないでしょう。それが現実的、科学的な態度でしょう。それで証拠が現れるたびに仮説を検証して、仮説を改良していくべきではないですか。もちろんデータによって仮説が正しいことがわかれば、それはそれでよいのです。

観念だけの人には、こういう当たり前の発想がありません。仮説だけで踏ん張って、どうやって理屈をこねたら真説、正しい教えになるのか、と妄想するのです。

だから結局、無茶苦茶です。誰もが邪見（間違った考え）を作るだけで、事実を発見できないのです。邪見だから、解脱への道を示せないのです。

これですべての宗教の問題点を指摘しました。

ブッダの教え、本来の仏教は、これらとはまるで違います。そもそもブッダご自身は、自分の教えを宗教ともおっしゃっていません。仏教は、宗教のようになんの証拠もないものを「信じなさい」「信仰しなさい」とは言わないのです。仏教は、「真理なので、いまここで確かめられます。自分で確かめてはどうですか？」という立場です。仏教を宗教とは言えないでしょう。

「ブッダが発見した無常」は、「唯一の真理の教え」です。ブッダは「無常は聖なる真理である」「いまだかつて誰にも発見できなかったことである」とおっしゃったのです。

ブッダは、仮説を立てずに調べていく

お釈迦様は菩薩として遊行していたとき、つまりブッダになる前の修行時代に、当時のインドの数多くの宗教家と会って、彼らの宗教に共通する最大の欠点を見出しました。彼らは自分の尻尾を踏んでいるから動かない。間違った仮説を間違った方法によって真説にしようと妄想して、失敗していると。

ブッダのアプローチは、まったく違います。そもそも仮説を立てないで調べていくの

です。

ブッダは無常の現象の背後にあるであろう安定した位置を探すのではなく、「なぜ無常なのか」とその原因を探し出したのです。

赤ちゃんを見て、「どうしたらこの赤ちゃんが無常でなくなるだろうか」と妄想するのではなく、「どうして赤ちゃんは無常なのだろうか」と観察するのです。

ブッダは超一流の科学者なのです。その思考には一切の妄想が入り込みません。その態度は徹底して客観的なのです。

そのようにしてブッダは、「現象が現れて消えてゆくシステム」を発見しました。「こうやって現れて、こうやって消えていくのだ」と。

そのシステムを「因縁」というのです。

ブッダは因縁ですべてを説明する

因縁で説明できないことはない

ブッダは因縁で「すべて」を説明します。

そしてブッダは「因縁の話が難しいのだ」「これは人間にはなかなか理解できない」と言うのです。軽々に、戯れに語るものではない、と。

あるときお釈迦様にずっとお仕えしていたアーナンダ尊者が、そのときはまだ完全には覚りを開いていなかったのですが、こんなことを言いました。

「お釈迦様はいつも、因縁の話は難しい、とおっしゃっていますが、私には簡単に理解できます」と。

それに対してお釈迦様は「そんなことを言うなよ」とたしなめたのです。「これがたしかに難しいのだよ」「因縁の話は意味が深いのだ」「因縁がわからないから、人間は絡みに絡んだ糸の中でもだえ苦しむのだ」と。

まさにブッダのおっしゃるように因縁で説明できないことはありません。

因縁は巨大なスケールで働いています。

全宇宙のビッグバンであろうが、ビッグクランチであろうが、生命の誕生であろうが、輪廻であろうが、すべてに因縁の法則が働いているのです。

一方で因縁の法則は、限定されたスケールでも働いています。

科学は、セクションを区切って限定的に研究する方法です。

「ゾウが、いる／いない」をチェックする場合は、この部屋という空間を限定し、何時から何時までという時間を限定するでしょう。科学はそういうやり方なのです。その限定された範囲の中でも因縁が成立します。

むろん「個別の因縁」は違うのです。「因縁A」と「因縁B」は違います。ただ「因縁」という点では共通しています。

たとえば素粒子と微生物とでは、研究に使う道具もやり方も違います。

同じ微生物の研究でも、腸内の微生物の研究と、外部から身体を攻撃する微生物の研究では、やり方がそれぞれ違います。それでも「因縁」という点で共通しているのです。

だから「因縁そのもの」がわかるレベルにある人なら、どんな疑問が生じても、たちまち答えを見出すのです。

しかしこれはきわめて難しいでしょう。実際、あらゆる因縁について答えられる生命は、ブッダをおいてほかにいないのです。

仏教は「自分に関する因縁の説明」

ブッダの教え方をまとめて現代風に言い換えてみると、次のような言葉になるでしょう。

「宇宙や生命に関する一切の因縁法則を完全に理解できるかどうかは、重要なことではないのだ。すべてを理解するためには人間の寿命はあまりにも短い。もっとも重要なところだけ理解すればけっこうです」と。

では「もっとも重要なところ」とは何でしょうか？

「君がいま生きている。

君には苦しみがある。

苦しみをなんとかしようと踏ん張れば踏ん張るほど苦しみが増える一方で、楽しみはむしろ減ってしまう。

これはよくないでしょう。

だったら『君の存在に関する因縁』を発見しなさい」

ブッダはこのように言うのです。

このうえなく優しい方は、さらに続けます。

「しかしこれも、君の能力では発見できないかもしれません」

確かにそうですね。「自分の因縁を見つけなさい」と言われても、途方に暮れますね。

実際、超越した智慧がないと、個人で発見することは難しいのです。

それで「はい、これが君の存在に関する因縁ですよ」とブッダは親切に教えてくださったのです。これがすなわち仏教です。

仏教というのは、そういうものなのです。「仏教は、自分という存在について、因縁で説明した教え」なのです。自分に関する因縁の説明なのです。

繰り返しますが、仏教では、基本的に自分という存在の説明に限定して因縁を語ります。これはお釈迦様の態度です。「生命の幸せに役に立つこと」に限定したのです。ほかのものにもチラチラと因縁の法則を当てはめて説明することはありますが、そういうときには「これは君の幸せには関係ないでしょう」という態度を取るのです。

「因」は原因、「縁」は条件（まめ知識）

因縁について、ちょこっとまめ知識です。

仏教の理論書、アビダルマのテキスト「発趣論《ほっしゅろん》」で膨大な分量を費やして複雑に論じていることの基本の基本を、何行かで説明します。

すごくシンプルに考えてください。

「因」とは「原因」です。

「縁」は「条件」です。「結果に影響を与えるもの」です。

湯を沸かすためにガスに火をつける。

この場合、

「炎」は「因」です。「湯」は「果」です。

「やかん」は「縁」です。

「炎とやかんの距離」も「縁」です。

「炎の強弱」も「縁」です。

おもしろいことに、「何かがない」ことも「縁」なのです。やかんの中は空気でいっぱいですが、その空気の一部が「ない」ことになるから、水が入るのです。空気が「ない」ことになるのも、結果に影響を与える条件なのです。酸素がなくならないと、ガスが消えないと、炎が成り立たない。この例を見ても、「ない」という条件はいっぱいあります。

「何かがない」ことは、「縁」であって、「因」にはなりません。最もわかりやすい例を出してみましょう。

ある部屋に何人かがいて、一人を除いて皆仲良しだとします。その部屋の雰囲気はあまり明るくないのです。そこで、気が合わない一人が部屋から出て行くと、とたんに雰囲気が明るくなった。出て行った人が明るい雰囲気を作ったわけではないので、彼は「原因」ではない。しかし彼がいないことが「縁」になったのです。彼がいたときは、「明るい雰囲気」という結果を出すための条件（縁）は揃っていなかったのです。ですから、「ない」ことは「縁」なのです。

すべては「結果」であると同時に「原因」

いまの現象は原因があって現れた結果です。何の脈絡もなく、ポツンと自立して存在しているのではありません。どんな現象でも原因によって支えられているだけなので、その原因が変われば結果もたちまち変わってしまいます。

原因は別な原因の結果なので、一時的です。不安定で、すぐに壊れてしまいます。壊れると同時に、それがまた原因になってしまいます。

すべての現象が「結果であると同時に原因」「原因であると同時に結果」です。

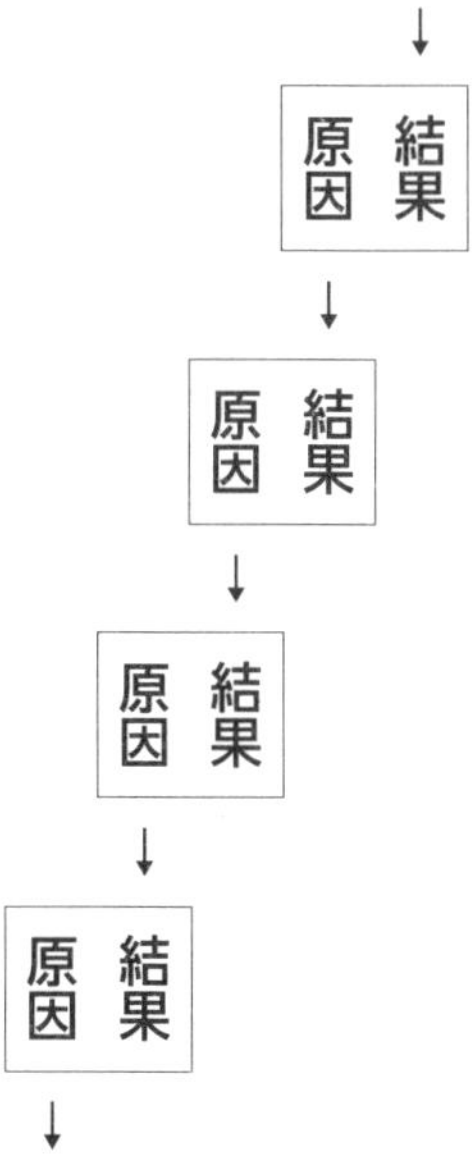

これが因果の法則です。
無常な原因で、無常な現象が現れ、それがまた無常な原因になるのです。それが世界の成り立ちです。

無常は想像を絶するほど多次元的

因果の流れは、一次元的に一本の流れで見てみても、無限に切れ目なく続いており、終わりがありません。

しかし「真の無常」は、このような一本の流れではありません。物質も生命も、すべてが無常なのです。無常は想像を絶するほど多次元的なのです。

ただこの多次元的な無常を理解することは、人間の脳細胞にはもっと難しい。

たとえばある現象があるとします。

その現象がいろんな原因を作ったとしますね。

その原因それ自体も現象であり無常でしょう。

だから、瞬時に消えるのです。

瞬時に消えてしまうと、それでまた複数の現象が現れるのです。

その現象もいろいろな現象の原因で、やはり無常です。

そうした変化が複数の次元で並行して起きているのです。

もはや現象が「ある」「ない」という表現は、正しくありません。「振動している」というほうが、まだ近い世界です。このようなきわめて想像しにくい、非常に理解が難しいネットワークが成り立っているのです。

変化そのものが世界の姿

表面的なノロノロの無常の裏に瞬間的に起こる、微妙で壮大な「真無常」があります。一月も十日くらいになると、クリスマス前からの大騒ぎは終わります。一カ月以上かけているのですからノロノロの変化です。

あるいは電気を切ったら、明かりが消えるという変化。この無常も、あまりにも遅い。瞬間ある現象を支えるための原因も、瞬間に消えるのだから、現象を作り出す暇さえないのです。

ちゃんと瞑想して、多次元的な無常（真無常）を経験すると、もう、どうにもならなくなります。何を観察すればいいのかわからない状態に陥ってしまうのです。認識ができない状態です。あれもこれも見るものすべてが、ものすごい速度で変化していて、変化しかないのだとわかります。「この変化速度に比べれば、光の速度も遅い」のです。そこ「現象が成立しない変化そのものが世界のありのままの姿である」とわかります。そこにはつかむものも、拠って立つところもありません。経験できても、語ることはブッダ以外にはできません。人間には言葉で捕まえることはできません。「わかってはいるけれど、語る言葉がない」という世界なのです。

正しいと立証された方法ですから、個人の能力にもよりますが、きちんと修行すれば、この先に覚りがあります。

ただこの経験がないと覚りにいたらないというものでもありません。瞑想によるこのようなアプローチもあるということです。執着を捨てれば、覚ります。

すべては一時的で相対的

因果の法則からいえば、「絶対的」(absolute) といえるものは成り立ちません。すべてが一時的なものです。

その意味でも宗教の絶対的な神、永遠不滅の魂というのは、ただの観念、妄想です。「永久不滅の神は、絶対ない」と言うことは論理的に難しいですが、「あるとは発見できません」。百歩譲って変化しない絶対的なものがあっても、それは情報を発信しないので認識できません。我々の知ったことではない。関係ありません。範囲外です。

すべての概念・認識・存在は、対照的・相対的なものです。ただ「何かを見て、何かを言う」。それだけの世界です。

どんな単語も相対的です。「ライオン」も、「ライオン以外の動物」がいなければ成立しません。単語一つですら相対的なのです。何かの助けを借りて、「ある」かのごとく振る舞うだけのことです。「寒い」も「疲れた」も、「単語にならないただの感覚」も、真理の世界ではすべて相対的です。それだけで孤立して成り立つことはできません。

仏教は科学ですから、個人個人が観察すれば、これが事実であると確かめることができます。

無常の世界の予測術

無常の世界でどのようにして予測ができるのか。それを語るために、延々と仏説を語ってきました。

予測は難しい、あれもこれも駄目です、と話してきましたが、結論からいえば、予測は可能です。因果の法則を見れば、先は読めるのです。

無常といっても、何でもかんでもランダムに、脈絡なく、いい加減に変化しているのではありません。必ず法則に従って変化しているのです。

カラスの卵から猫は産まれませんし、猫がカラスの卵を産むこともしないのです。

これがすなわち因果法則の一つ「種《たね》の法則」です。

冬の次は、夏ではなく、春なのです。

子供は青年、中年と変わっていきますが、中年は青年になりません。

これがすなわち因果法則の一つ「季節の法則」です。

世界は無常です。無常の世界は、いい加減ではありません。こうした因果の法則で動いているのです。

ですから無常の世界に手綱は不要なのです。神様のような管理者は、そもそも必要ないのです。

世界は法則通りに変化するので予測可能

無常とはある一方向へと延々と変わってゆくことです。因果法則は多次元論ですが、無常は一方向なのです。無常は止まりません。元にも戻りません。世界は行儀よく、しっかりと、揺らぐことなく、曖昧なところなく、法則に沿って変化してゆくのです。

だったら予測でもなんでもできるでしょう。

これは面白いのです。難しく考えず、例えをシンプルに覚えておくだけで充分です。

ヒヨコが卵になることはあり得ません。

中年は決して青年になりません。

今年食べた美味しいモモを来年も食べるのではありません。人もモモも変わるので、どうしたって来年は別なモモを別な人が食べなくてはならないのです。

それを覚えておくことです。

予測能力は因果法則の理解しだい

無常とその法則を知った人に限って、物事の変化を予測することができます。その人には予知能力があると言えるのです。

上に投げた石の上昇する動きが遅くなったら、「これから落ちてくるぞ」と言えるでしょう。因果法則に基づいているから、落下速度の計算までできるのです。それこそ予知能力と呼べる代物です。

神の声を聞いて予言する「預言者」に、予測能力はありません。なにしろ神にお伺いを立てるのですからね。本人に予測能力はないでしょう。あるとすれば「神の声を聞いて理解する能力」です。それでイスラム教では、最後の預言者ムハンマドの名を口にするたびに「神のご加護がありますように」と口にすることになっています。

その神が無常を知っているならば、また、聞く人がその声を正しく聞いて理解したならば、予言は当たるかもしれませんが、いまだかつて予言が当たったためしはありません。これは事実なので、堂々と言えます。

理由は、わかるでしょう。

無常の変化法則を理解していない人間に、先のことを予測できるわけがないのです。

占いは宗教の予言より当たるが、無視すべき

じつは占いは、宗教的な予言より、もっとマシなのです。

ただブッダの教えでは、ぜんぜん気にする必要はない習慣です。鼻先で笑い飛ばします。占いに頼ることは理性に基づいた生き方として認められるものではありません。

しかし一部の占いは、世の中のあらゆる現象と、それがどのように人の生き方に影響

を与えたのかを調べたデータから開発したものなので、完全にはずれると言えないかもしれません。

かなり昔に、たとえば手相をみる占い師は、多くの手相を見て、何か「決まり」がないのかと真剣に学問的に探して、何かを見つけたのです。だから宗教の予言よりは、マシなのです。

だから占ってもらうと、ときどき「すごい！　当たっていますよ」という経験もするでしょう。

でも占いの予言は簡単に無視できるものです。風水であろうが八卦であろうが、まるっきり無視してもまったく問題ありません。完全に否定しても、理性のある人には問題ありません。

仏教的な予測術

①予測する現象を限定する

すべてのものごとは一方向へ、因縁によって変わっていきます。それが因果関係の流れです。いまの現象は複数の原因の結果であって、またこれから現れる現象の原因にもなるのです。すべては原因であり結果なのです。あらゆるレベルで多次元的に、同時多発的に、因縁による因果関係の連鎖が紡がれています。それがこの世界なのです。

こうした無常の世界にあって、どのようにすれば先のことを予測することが可能になるのでしょうか？

まず「これを予測したい」と予測する現象を限定します。

たとえば「受験勉強中の子供が合格するか否か」というように、一つの現象に切り分けるのです。

予測する現象がどのような因縁によって変わるかを観察します。

過去に似たような現象があったならば、その流れも参考にします。

現象についている因（原因）と縁（条件）を発見して、次に、「この現象はこのように変わるでしょう」と予測するのです。

因縁を発見すると、無常の変化は一方向なので、「だったらこうなるのだ」とわかります。

②予測する時間を短くする

予測する対象の現象に関しては、必ず時間範囲を配慮します。「この時間から、この時間」と短く限定するのです。

時間が長ければ長いほど因縁の把握が難しくなるので、予測が当たる確率は低くなります。十年先、二十年先の予測は、まず当たりません。

来年に対する予測よりは明日に対する予測のほうが、当たる確率は高くなります。予測する人の能力しだいでは「一年後こうなるでしょう」「二年後こうなるでしょう」と言うことは可能です。

③予測する対象を小さくする

予測する対象は、できるだけ小さくします。

世界の経済状況より、自分の家庭の経済状況を対象としたほうが、当たる可能性が高くなります。

対象が大きくなればなるほど、実体性が薄くなります。つまり世界経済なんて把握しきれないのです。それより市場のほうが、それより株式市場のほうが、さらにそれより製造業の株式市場のほうが、把握しやすくなります。

対象が大きくなると、観念のみの頭だけの現象になるのです。その場合、予測は成り立ちません。

④因縁をできるだけ発見する

予測する現象を変化させる因（原因）と縁（条件）を、できるだけたくさん発見します。

たとえば仏教の方法で独身女性の結婚時期を予測するなら、その人は何ものか、興味は何か、どうしてそんなに結婚したいのか、理想のタイプはどうか、といったデータを取ります。

すると「もうすぐ良い相手が現れるのではないですか」「当分無理でしょう」というような、結果が見えてきます。

実際に私は、ある方に言ったことがあるのです。

唯一の望みが「結婚したい」という女性でした。それで瞑想も進まなかったのです。だから彼女に、因果法則に基づいて、「結婚したいという気持ちを、きれいさっぱり忘れてください」と言ったのです。

「結婚したい」「ぎゅっと相手の男性をつかまえたい」という波動に、男は拒絶反応を起こすのです。逆に「結婚したい」という気がない女の子を見たら、若い男は「あれ、かわいい女の子だな」とちょっかいを出したりするのです。そんなものですからね。

迷信も神秘もありませんが、仏教のやり方はこういうものです。

因果法則に基づいて、結果は常に見えてくる。

すべての因縁がわかったら、明確に、疑いなく、予測の答えが現れます。因縁の五十パーセントがわかったら、五十パーセントの確率で当たる予測ができます。当たる確率は、どこまで因縁を把握できるのか、によるのです。

⑤仏教はパーセントで予測する

ここまで予測の確度を上げる方法を説明してきましたが、それでも百パーセント当たる予測は不可能です。それは現象が変化する因縁のすべてを把握することが、ほとんど不可能だからです。したがって予測は常に「確率は何パーセント」と限定されます。

たとえば「あなたはひどい目にあいます」と断言することは、仏教的にはできません。「あなたは、三十パーセントの確率で、ひどい目にあいます」とは、言えます。

「因」（原因）のすべてをわかっても、ものごとは時空関係の中で起こるので、「縁」（条件）は大体は把握できないものなのです。

たとえばリンゴの種を植えたなら、いずれリンゴを食べられることは予測できるでしょう。肥料をやり、水をやり、害虫を取り、余計な枝を剪定し、木が育ってリンゴがなったら食べられることは、予測できます。

しかしリンゴの種は時空の中で育つのです。それが「縁」です。花もきちんと咲いたけれど、台風で受粉前に飛ばされたら、時空関係が変わってしまって、実は結びません。

この場合の台風は「縁」（条件）でもあり、「因」（原因）でもあります。立場によって縁も因になるのです。

だから仏教的な立場ならば、パーセントで予測するのです。「土地はよいし、あなたはリンゴの育て方を知っているから、自然災害さえなければ、まぁ、リンゴは実るでしょう」という言い方をしなければならないのです。

あるいは「〇〇を勉強すれば、必ず合格する」という予測は、因（原因）に関しては正しいのですが、しかし、事故にあって試験会場に行けなくなると縁（条件）が変わってしまって、「合格する」という予測がはずれることもあります。原因は揃っていても、時空関係によっては予測がはずれるのです。

ブッダの心はどんな生命より速い

因縁がほとんどわかったら、判断は自然に出るものです。「二＋二＝四」のように簡単に言えます。

しかし、因縁をすべてわかることはほとんど無理です。予測にあたっては推測が必要になります。

たとえ瞑想して高い能力を開発した人であっても、必ず見失うものがあります。それで我々は、「完全な予測はブッダ以外には無理だ」と言うのです。

ブッダは桁違いに把握能力が高かったのです。

仏教のアビタルマ論によれば、ブッダの心は、どんな生命より速いのだそうです。心は、妄想を消し去った状態になっても、「ある認識」と「ある認識の間」に「小さな休み」が入り込みます。アビダルマ論では、それを「有分心《うぶんしん》」といいます。

この有分心が多い（長い）と、認識に時間がかかってしまいます。逆に有分心が少ない（短い）ほど認識能力が高いことになります。お釈迦様にも有分心はあるのですが、「一個だけ」なのだそうです。

認識判断する心は速行心《そくぎょうしん》と言います。普通の人間では、速行心が六個、七個続いてはじめて「判断」という機能が成立するのですが、お釈迦様は、三個で判断を成り立たせてしまうというのです。これは想像を絶する速さです。

私の勝手な推測ですが、お釈迦様が瞬きする間に発見される知識は、普通の人間なら四十年、五十年研究してようやく発見する量に匹敵するのではないかと思います。

無執着な人の予測は当たる

我々が予測するには推測が必要なのですが、そのときに怒り、欲、嫉妬、憎しみ、わがまま、高慢、さまざまな偏見などがあると、主観的な判断になってしまって、予測が当たらない可能性が高くなります。客観的であること、冷静に理性を保つことが大事なのです。

だから無執着な人の予測は高い確率で当たります。覚りをひらいている人、心がきれいな人の予測能力は高いのです。それどころか、そういう人に言われると、その通りになるのです。変えられません。

仏教には「祝福」という習慣があります。それはここから来ているのです。完全な覚りにいたった人、煩悩を消し去った人のことを「阿羅漢《あらかん》」と呼びます。その阿羅漢が、「元気で」「幸福で」となんのことなく口にすると、ただの挨拶なのに、これが「当たる」のです。元気に、幸福になるのです。阿羅漢は心をきれいにして、予測できないすべての条件を取り除いているから、予測が当たるのです。

仏教には、祝福してもらうことを何かの目的にする考え方、習慣はありませんが、お釈迦様の元に子供を連れて行って礼をさせて、「元気でありますように」と声を掛けてもらうことはありました。

こんな話があります。

インドの占い師に見せたら、絶対に長生きできないと言われた子供がいました。親は仏教徒でしたから、お釈迦様を家に招いてお布施をして、大人から順に一人一人礼をしました。お釈迦様は一人一人に「長生きできますように」と挨拶するのです。

ところがお母さんが短命と言われた子供に礼をさせても、お釈迦様は黙っている。声を掛けてくれないのです。

それでお母さんが、「老人に長生きできますように、と言ったのに、長生きしてほしい子供には何の言葉もないのですか」と言ったのです。なんと大胆な、と思うかもしれませんが、仏教の世界はお釈迦様にもこんなことが言えるくらい気軽なのです。

するとブッダは「それはそうですが、この子は無理です」と答えたのです。短命になる因縁、業があるのだと。

結局、「それではあんまりです」ということで、ブッダは、その子供が自分の悪い因縁を取り除くために必要な善業を積ませる法事を行わせました。その法事が終ってからあらためて、子供に「長生きできますように」と祝福をしてあげました。それで、その子は長生きできたのだそうです。

このような出来事は日常茶飯事だったので、仏教徒の間では祝福を受ける習慣が根付いたのです。

仏教的な計画術

計画＝原因と条件で「変わり方」を変えること

無常の世界で予測が成り立つように、計画もまた成り立ちます。きちんとした計画なら相応の結果が得られます。

それには感情ではなく、理性に基づいて、いまあるデータを客観的に判断して、実行できる計画を立てることです。

この場合も、予測と同様に、時間を短く取る、範囲を小さくするなどの条件は大事です。

たとえば「田舎で人口が減っている」という現象を解決するためには、「田舎の人口を増やす」ではなくて「田舎に若者を呼び戻す」というように目的を限定するのです。

そうすると具体的に若者を連れてくる計画も、やってきた若者を田舎につなぎとめておく計画も立てられます。

さらに時間も切るのです。「五十年計画」では、無理です。「五年計画」として「一年目の計画」「二年目の計画」という具合につめていくのが適切でしょう。

「なりたい」「やりたい」だけの計画は無意味です。単なる妄想で、実効性はありません。実りません。

そもそも「計画」とは何でしょうか？

ある現象は、ある原因によって、ある方向へ変わります。

例えば、川は下流に向かって流れます。その変わる方向を観察しただけでは、何の役にも立ちません。しかし観察者が「この川の水を引いて川魚を養殖できればいいのではないか」と考えて、川の流れを変えたとします。川の流れ、という現実は、変わっていませんが、流れる方向は少々変わります。それではじめて、観察者の役に立つようになるのです。これが計画です。計画というのは、現象の流れの方向を有効になるように変えることなのです。

見方を変えれば、計画は「○○したい」という「欲」があってはじめて成り立つことでもあります。

たとえば一本のダイコンがあるとします。収穫もせず放置しておけば、虫に食われて、やがて土に還るでしょう。

ダイコンに関心のない観察者には、その変化は無意味です。

しかし、私が「再来月、あのダイコンを食べたい」と考えたら、「このダイコンを、どうやって再来月まで保存したらよいだろう」という計画を立てることになります。

そこで、いまの原因・条件を変えたり、新しい原因・条件を加えたりして「変わる方向を変える」のです。これが計画というものです。

タクアンを作るなら、まず干す。それから糠床《ぬかどこ》にトウガラシやら昆布やら入れて、そこに漬け込みます。あとは重しを置いて時間をかけるでしょう。

国の計画も会社の計画も、結局これと同じです。どんな原因を変えるのか、どんな原因を加えるのか、そんなことなのです。

期待が叶う計画実行のコツ

計画を実行するにあたっては、原因・条件などを適切に変えることです。

自然の一方向の流れに手を加えることなので、けっこう大変です。精進努力が必要になります。

原因（因）はわかっても条件（縁）は微妙なので、常に注意深く、理性を保って進む必要もあります。

仏教的な見方では、計画は固定するものではありません。原因がわかって計画を立てたとしても、最初から時空関係の条件を百パーセント把握できているわけではないからです。期待する結果が出るまで、時空関係を調べて調べて、計画を調整する必要があるのです。

このようにして計画を実行するなら、成功の可能性はかなり高くなります。だから「仏教は勝利の道」というのです。負けません。世間では「こんな期待は叶うはずがない」とよく言いますが、仏教では「期待が叶うようにする」のです。

修行者は解脱を計画する

「あらゆることに価値はない」と知ったなら

上手に計画を立てて実行して成功しても、その結果もたちまち変わっていきます。

ダイコンをタクアンにして保存しても、タクアンを食べればタクアンはなくなるのです。

また、計画を実行した人と、その結果を得る人は同じ現象の流れですが、同一人物ではありません。

Aさんが Bを期待して、結果としてaさんがbを得るようなものです。

私がダイコンを見て、タクアンをイメージしたとします。そのタクアンは過去に私が経験的に知ったタクアンです。

しかしタクアン計画を実行した私は別の私で、その私が得るタクアンは、当初私がイメージしたタクアンとは別のタクアンなのです。

つまり無常の世界で無常の結果を得ても、あまり意味がないのです。

なぜ人が計画を立てたり努力したりするのかというと、「いまの状態は好ましくない（苦）」からです。それで「楽」を求めるのです。

しかし瞬間瞬間の一時的な「楽」を得ても、それは無常なので、変化します。結局その「楽」も「苦」と等しい、ということになるのです。

したがって仏道の修行者は、「無常の現象を諦めるぞ」ということになるのです。現象に対する執着を捨てるのです。「意味がない」と。

執着を捨てるための十二因縁

我々は、無常な現象に執着するから苦しいのです。無常が本当にわかれば、執着がなくなります。「どうせ変わるのだから、ぜんぶ無駄だ」と諦めるのです。これで苦しみがなくなり、心は平安になります。すなわち覚りです。

あまりにシンプルな話なので拍子抜けするかもしれませんが、本当です。説法を聞くだけでも覚る人は実際にいますし、じつはそれこそが説法の真の目的です。

覚りの境地は大変すばらしいのです。普通の人間の幸せは、せいぜい「痒いところを掻く快感」ですが、覚りの幸せは「痒くない平安」です。妙な倒錯がなければ、痒くないほうが断然よいでしょう。非常に卑近な例ですが、つまり仏教の目指す幸福は、質も次元も、俗世間と格が違うのです。

ただし「無常を身をもってわかる」のは、やはり大変難しいのです。それで本気の人は「修行しましょう」ということになります。

執着を捨てるためには、現象の因（原因）を把握します。

それがブッダが発見なさった十二因縁、すなわち因果の道理を明らかにした因縁説のエッセンスです。仏教の教理です。

「無明」が「行」の原因になり、「行」が「識」の原因となり、と連鎖していきます。

・無明《むみょう》──無常などの真理に対する智慧がないこと。
・行《ぎょう》──現世において果報をもたらす心の波、業。
・識《しき》──生まれ（結生）の働きをする心。

・名色《みょうしき》―心の働きと体としての物質が生まれること。
・六処《ろくしょ》―眼耳鼻舌身意という、外界の情報（対象）を受ける感覚器官。
・蝕《そく》――外界の対象との接触。
・受《じゅ》――対象を感じること。すべての認識作用も、自我意識も受によって生じる。
・渇愛《かつあい》―欲。喉が渇いたように、対象に触れることを望む。
・固執《こしゅう》―主体としての自己にも、客体としての外界の対象にも強く囚われること。
・有《う》――存在している生命の身、口、意の働きそのものが業（カルマ）、ポテンシャルになること。
・生《しょう》――新たに現象が現れる。再び生まれること。
・老死《ろうし》―老《ろう》、死《し》、憂愁《うしゅう》、悲泣《ひきゅう》、苦しみ、悩み、落ち込みがある。

修行者は、現象への執着を捨てるために、縁（条件）も整えます。具体的には、戒律などを守ることです。

それから苦しみが生まれる過程を、瞑想という方法で体験的に発見し、智慧によって苦しみの原因である執着を捨てるのです。

これは十二因縁を体験する過程です。瞑想によって徐々に体験的に因果の道理がわかってきます。生への執着を捨てるにいたれば、それがすなわち修行の完成であり、覚り、解脱です。生命の輪廻から抜け出て、二度と生まれることがありません。生まれることがないので、老、死、憂愁、悲泣、苦しみ、悩み、落ち込みもありません。

誰もが幸せになる方法

あなたは、どこまで因果法則が理解できますか？

どこまで理性的で、感情を乗り越えていますか？

どこまで、智慧を開発しているのでしょうか？

どこまで、無常の真理を理解しているのでしょうか？

難しいですね。

しかし何の問題もありません。

本当は智慧が必要ですが、智慧がなくても人生は成功します。

人間がみんな鋭い智慧を持っているわけではありません。第一、ほとんどの人は日常の生活で精一杯忙しく、真理なんか発見する余裕はありません。だから一般の方々は幸福になれません――。

というと、あまりにも残酷です。釈尊の立場から見ても、この偉大なる真理を発見して究極の幸福を体験する人が、人類の中でたった一握りであるならば、一切の生命の幸福のために励まれた、ブッダの長い間の修行は割に合わない話になるのです。

そこでブッダは、知識のある人もない人も、男であれ女であれ、富める人も貧しい人も、老いも若きも問わず、誰にでも実践できるシンプルな方法を語りつづけたのです。方法はシンプルですが、それはブッダの超越した覚りの智慧によって設定された方法です。成功する確率は百パーセント。単純に、ブッダに推薦された生き方に沿って自分の生き方を変えれば、充分です。

不幸になるすべての原因を、ブッダは説かれています。

自己開発する方法も説かれています。

俗世間的な成功と出世間的な成功を収める方法も説かれています。

真理のすべてを発見して世に見せています。一切隠しません。

はじめから智慧なんか持っていなくても、ブッダの言葉を真に受けて実行すればよいのです。真似すればOKです。真似しつづければ、超越した智慧の人になってしまうのです。

知識能力ある人は学んで理解すれば良いのです。

しかし仏教の智慧はあまりにも壮大で、人間の脳細胞で把握することは困難です。知識人にもそうでない人にも、シンプルな実践方法を実行するしか選択がないのです。それで全部うまくいくのです。因果法則に基づいた教えなので、幸福な結果、よい結果が出ないはずはありません。

何も理解できなくてもブッダの教えに従えば、期待する幸福の結果は得られるのです。

私は皆さんに聞きたいのです。

なぜ、ブッダが示してくださった「成功する人生」という地図を見て、その通りに進まないのですか？と。

ブッダが示した道徳を守るだけでも、人生は大成功するのです。仏教は、誰にでも実践可能な道、しかしこの世でほとんどの人が歩まない道、最高な幸福を確実に得られる道なのです。生命の最高の知性たるブッダによって、幸せに生きるための智慧は明々白々と示されているのです。素直に耳を傾ける人は、心の幸福を確実に実現できます。何の障害もありません。

第5章……死を認めれば幸福になる

世間の幸福＝大変な苦労

誰もが、死なない前提で生きている

「無常を知ると、幸福になれる」という考えに、世間はまったく同意しません。

世間の常識では、

「計画通り生きられないのは困る」

「ほしいものが得られないと嫌だ」からです。

しかし、この馴染みのある考えは、大間違いです。

こんなふうに考えると「自分が死なないという前提で生きる」という論理的にあり得ない人生の態度ができあがるのです。

本当に、そうなってしまうのですよ。

なぜなら「得るためには、自分が生きている必要がある」からです。

そうでしょう。

「死んでから返すので、一千万円貸してください」ということは、不可能です。これでは百円貸してくれる人も現れません。

つまり「得る」ためには、「生きている」必要があるのです。

屁理屈に聞こえますか？

違います。

こういう思考方法が「正しい」のです。

こうやって子供のように、真剣に、論理的に、自分の頭で考えるということをしないから、世間は間違いだらけなのです。根本的な過ちをそのままにして屋上屋を架すような生き方をするから、苦しみが絶えないのです。

ときどき「どうせ死ぬから、無駄だ」と言う子供がいます。まだ生まれて日が浅いのに、もう死のことを真剣に考えていたりする。

すると親は大変困るのです。「ちょっと変な子供だ」「妙に冷めている」「白けている」「いまのうちになんとか軌道修正しておかないと、あぶない」と慌てる。

しかし本当は、その子はすばらしい能力を発揮しているのです。

この「人間はどうせ死ぬのだ」というところからこそ、人生論を築かなくてはならないのです。そうすると道徳的に立派な、頭の良い人間になるのです。真の幸福を得られるのです。

ところが大人は、その鋭い人生への洞察を、「暗い」「悲観的だ」と、よってたかってつぶしてしまうのです。

本人が得ることは不可能

世間では「得る＝幸福」です。

財産、名誉、権力、美容、健康、長寿など、世間で幸福のキーワードとされるものはすべて「自分が外の世界から得るもの」なのです。

新興宗教のうたい文句はたった一つ。「ご利益」です。「ガンが治る」「長生きする」「金持ちになる」。ぜんぶ「得る」ことです。

「得る」ためには、「変わらない自分」が必要です。

これはよく覚えておいてください。

別人が得ても、自分が得たことにならないのです。

当たり前でしょう。

「金を儲けよう」「土地を買おう」「家を建てよう」というのは、すべて「得ること」ですが、「いまのあなた」と、「得るあなた」が別人なら、ぜんぶ成り立たないのです。

しかし、はたして「変わらない自分」は、いるのでしょうか？　成り立つのでしょうか？

それが問題です。

そんなものは、成り立ちませんね。

「勲章を頂く人が認知症になってしまっている」という光景を、テレビで観たことがありませんか。

世間は、バリバリと立派なことをしているときは無関心で、邪魔ばかりして、そろそろ死ぬよ、というときになったら褒め称えるのですが、燕尾服を着込ませて車椅子で皇居に運んで行ったところで、本人には事情が飲み込めない状態になっているのです。

これでは、「本人が評価を得た」とは言えないでしょう。勲章を頂くのは呆けてしまった別人です。すっかりタイミングがずれてしまっています。

もちろん人間が歳をとって別人になるのは、自然なことです。当たり前です。

ですから「得る＝幸福」という図式は、せいぜい誤魔化して、誤魔化して、成り立っているように見せかけているにすぎません。

得る＝幸福→苦労する

「得る＝幸福」を成り立たせるのには、無理があるのです。それで「得る」「得たものを守る」「得たもので楽しむ」は、すべて大変な苦労を伴うのです。

実際に、そうでしょう。

「得たものを守る」は大変です。

サッカー日本代表がワールドカップで優勝したら、大変ですよ。ものすごいプレッシャーです。衆人環視のなか、鬼の形相でトレーニングして、私生活も節制して、コンディションと地位と名誉を守らなくてはならない。格下のチームに変な負け方をしようものなら、凶暴なファンにバスを囲まれて、スタジアムを出ることすら危険です。

「財産を守る」も大変です。

三十年のローンを組んでマンションを買いました。ところがある日、家のポストに「震度五で倒壊する建物でした。ごめんなさい」とお知らせが入る。資産価値はゼロ。売主の会社は倒産。必死になって得たお金を盗まれたのです。

「得たもので楽しむ」も大変です。

女性が最新のファッションを格好よく着続けるには、ずっと竹のような体型を維持しなくてはなりません。

ポルシェに乗る楽しみは、視力と反射神経が衰えたら消え失せます。手が震えるようになったら、降りなくてはならない。

プレジャーボートだって、けっこう体力がいるのです。すぐに風邪を引くようでは、寒いだけです。

「世間の幸福＝大変な苦労」なのです。なぜこんなことになってしまうのでしょうか？

二つの極論＝楽観主義と悲観主義

世間の幸福論「得ることは幸福」「消えることは不幸」

世間の常識では

「得ること＝楽、幸福」

「消えること＝苦、不幸」です。

これが世間の幸福論です。

「得ること」を誰もが幸福だと思っています。

お金が入ってくると楽しいし、いい仕事に就けると楽しいのです。親しくない人から宅配便でプレゼントが届いても、たいていの人は嫌だと思わないのです。

「なくなること」「消えること」で人は苦しみを経験します。お金が消えていくと苦しいし、リストラされると苦しいのです。

金がなくなる、仕事がなくなる、親しい人が死ぬ、子供が離れる、健康がなくなる、若さがなくなる、信頼を失う、能力が衰える、家が壊れる。「世の中で不幸とされること」は無数にありますが、すべてが「消えること」なのです。

不幸だと悩んでいる人の話を聞いてみると、必ず何かが消えています。「旦那が浮気をしている」と悩んでいるのなら「愛情が消えた」ということです。

世間の幸福論は「得ることは幸福」で「消えることは不幸」。

難しくないでしょう。このように中学生くらいのシンプルな思考ができれば、仏教はわかりやすいのです。中学生くらいのときが人生で一番頭が冴えているのです。その頃のように、何でもコンパクトに、シンプルに縮めて、鋭く思考するのがコツです。

得は失である。生は滅である。

ここから少し難しい話になります。

「得は失である。生は滅である」

これはテーラワーダ仏教に限らず、まともな大乗仏教でも馴染み深い有名な文言です。

「得ることは失うこと」
「生じることは滅すること」なのだと。

このまま覚えてください。日々の暮らしでちょっと心がざわついたときに思い出すと、たちまち心の落ち着きを得られます。役に立ちます。

たとえばある現象を次のように考えてください。

（四月一日の正午）貧乏なAさんが金持ちになる。
（四月一日の正午）Aさんに「豊かさ」が現れた。
（四月一日の正午）Aさんの「貧しさ」が消えた。

ほら、「生」と「滅」は同時なのです。同様に「得」と「失」も同時なのです。離れません。どちらか一方だけということは、あり得ません。存在するすべての側面で、いかなる微妙なレベルででも、ものごとはこのように流れています。

壁であろうと太陽であろうと、「どんなもの」でもこの「生じる・滅する」「得る・失う」なのです。六十ヘルツの蛍光灯なら、一秒間に「光が生じる」と「光が消える」が六十回起きているのです。

道元禅師は『正法眼蔵』の「生死」巻で「生は死である」「死は生である」といった立場を取っていますが、これにしても、つまり「生と死の離れない関係」をうたっているのです。昔、大学でそう言ったら先生に叱られましたけれど、シンプルに考えればわかることです。

「得る」しか見ない人、「失う」しか見ない人

世間一般では、「得る」は「楽」です。そのため、現象の「得る・生じる」側面だけを見ると、「楽しい世界だな」と楽観的になります。すなわち「得ると楽しい」（立場①）です。

金を稼ぐと、誰だって楽しい。「誰かから金を奪っている」とは考えません。油井からどんどん石油が出てくると、楽しい。「地球の石油資源が枯れつつある」とは考えません。

世の中の多くの人は、このように「得る・生じる」側面しか見ないので、とても楽観的なのです。

一方で、悲観的な見方をすることもあります。現象の「失う・滅」の側面だけを見ると、悲観的になるのです。すなわち「失うと苦しい」（立場②）です。

「自分の家に泥棒が入るのではないか」といつも考えていると、寝ていても「命を落とすのでは」と恐くなります。外出先では「お金を盗られるのでは」と不安です。それで楽しみがなくなって、悲観主義に陥ります。

ただし実際には、同じく極端な態度でも、「得られると楽しい」「消えると苦しい」が当てはまらない例もあります。

「得ると苦しい」（立場③）

「失うと楽しい」（立場④）

という態度です。

「インフルエンザを得る」と「苦」です。「楽」ではありませんね。

「インフルエンザを失う」と「楽」です。「苦」ではありません。

立場①④は楽観主義、立場②③は悲観主義です。いずれにせよ極端な態度です。

楽観主義も悲観主義も「極論」で駄目

世間には、楽観主義と悲観主義の二つの「極論」があります。

楽観主義は、

①価値あるものを得る側面を見る（例：お金が儲かる）

④不幸を失う側面を見る（例：インフルエンザが治る）

のいずれかです。世間の多数派です。

悲観主義は、

②価値あるものを失う側面を見る（例：お金を盗られる）

③不幸を得る側面を見る（例：インフルエンザにかかる）

のいずれかです。世間の少数派です。

しかしどちらも間違いです。

気が弱い子供は「学校は楽しいところだ」と決め込んだり、「学校なんて最悪だ。いじめられる」と登校拒否になったり、自殺したりもします。

本当は、学校は楽しいことばかりではありません。苦しいことばかりでもありません。

世界はそんなものではありません。楽観主義も悲観主義も間違いです。

仏教は「極論は正しくない」と説きます。

極論は、事実をありのままに観ることではありません。極論は、人の役に立ちません。楽観主義も悲観主義も、駄目です。危ない。どこかで間違えます。

ところが世の中は、この極論のいずれかなのです。哲学者も論理学者も、愚かなことに「中正の道」に気づかないのです。

しかし事実はこちらの見方にあるのです。

正しい見方＝仏教の中論

一切の現象に価値はない

仏教は楽観主義でも悲観主義でもありません。

仏教は「中論」を語ります。

こちらが「正しい見方」です。

中論は、ただの「まん中」ではありません。

教えも中論、真理も中論です。正しい見方によるものです。修行は「中論を実践する正しい道」、つまり「中道」です。大乗仏教の龍樹などが言っていることとも重なりますので耳にしたことがあるでしょう。

どんな現象でもよいのです。

ペットボトルが現れたということは、原材料としてのプラスチックが消えたということです。お茶を飲み干すと、容器としてのペットボトルは消えて、処理のやっかいなプラスチックのゴミが生じるのです。

「貧乏な人が宝くじに当たった」という現象は、同時に「豊かさが生じる」「貧しさが消える」ということです。それが我々には一つの現象に見えるのです。

生まれると同時に、消えています。

消えると同時に、生まれています。

一切の現象は、生でもあり、滅でもあるのです。

一切の現象は、「良い」「悪い」の二つの側面を半々に持っているのです。

生命であろうと物質であろうと、現象はすべてこんなものなのです。

ですから、一切の現象は、評価不可能です。良くも悪くもありません。俗世間の「苦しい」「楽しい」「幸せ」「不幸」といった価値は、無意味です。すべては無価値です。空しいのです。

シンプルに考えてください。

ステーキなどのおいしい食べ物は、コレステロールがたっぷりです。

アメリカ産の牛肉はBSEが不安ですが、コレステロールは低めで、脂身のカットも簡単です。でも固い。

和牛ならＢＳＥの不安はありませんが、霜降り牛というのは筋肉にまで脂が細かく入っているということですから、脂身をカットすることは不可能です。だからコレステロールの量がすごいのです。しかしそれが柔らかくておいしい。

すべては、良くもあり、悪くもあり、なのです。一切の現象の「＋」「－」は、「ゼロ」で釣り合ってしまいます。無価値なのです。

お釈迦様は「諸々の現象は苦である」とおっしゃいました。

ブッダがここで説かれる「苦（dukkha《ドゥッカ》）」は、この意味なのです。「すべての現象は無価値です」とおっしゃったのです。「お腹を壊して苦しい」の「苦」を指しているのではありません。それはとんでもない誤解です。「苦」のレベルが違います。

漢字の意味でブッダの意図を解釈すると、間違うおそれがあります。ブッダが「dukkha」と言ったのを、こちらでは「苦」という漢字で表現しただけですからね。漢字はあくまで方便です。

すべてに価値はないが、因果法則がある

ところで「すべて無価値だ」と言ってしまったら、あとは黙るしかないように思いませんか？「何を言っても無駄だ」という具合に。

しかしブッダには、我々に言うべきことが残っていたのです。

それが「これらの原因でこの結果が現れる」という「因果法則」です。

因果法則には楽観主義も悲観主義もありません。「良い」も「悪い」もありません。

石油からプラスチックを作って成型するとペットボトルになる、という因果がある。

水に砂糖と塩とグルタミン酸と香料と着色料を足して、ビタミンCを添加すると、清涼飲料水になる、という因果がある。

世界には因果法則があるだけなのです。

「現象＝生滅」の切り口で、過去、現在、未来を説明すると、

過去は、過去にあった生滅

現在は、現在ある生滅

未来は、未来にあるであろう生滅

です。

これらの生滅は重なり合っているのですが、その連なりを強引に伸ばすと、いわゆる「時間」になります。

石油↓プラスチック

プラスチック↓ペットボトル

ペットボトル↓プラスチックのゴミ

という因果がありますが、「生滅」（例：石油がなくなり、プラスチックが生じる）は同時ですから、「過去と現在の隙間」はとても微妙です。隙間があったり、なかったりします。リレーのバトン渡しのように単純ではありません。これは言葉を超えて、なんとなく感じるしかありません。

ここで「因果論」が明確になりました。

一つの現象は、その瞬間、同時に、「因」であり「果」なのです。何かが滅し、同時に何かが生じるのです。その変化は無常です。生滅に「隙間」はありません。それがあらゆるスケールとレベルで、同時並行に、相互に関係しながら、一方向に進んでいる。

これが仏教の因果論です。

中論の三つの真理

仏教の中論は次の三つの真理からなります。

①現象は無常である

ブッダは「諸行無常」と説きました。「生は滅」で「滅は生」なので、「何一つ止まらない」ということです。このダイナミックな変化を経験して、実験して、身をもってわかることが大切です。

②現象は苦である

「お腹を壊して苦しい」の「俗的な苦」ではありません。ここでいう「苦」は「現象は評価に値しない。無価値である」という普遍的な意味です。誰かがお金を儲けると同時に、誰かがお金を失うので、評価不可能なのです。

③現象は変化する

ブッダは「諸法無我」と説きました。「諸法」は「現象」と考えてよいでしょう。「我」は「変わらない実体」のことです。つまり「現象には、これと指させるような変わらない実体はない」ということです。もちろん「私」などという現象にも実体はないのです。

以上の三つの真理は、すべて「これがあるから、これがある」という「因縁律」から明らかになります。

因縁律は、ブッダが編み出した因縁を導く公式で、「雲があるから、雨がある」「雲がないなら、雨はない」という論法です。

ブッダが世界を見たところ、三つの真理が見つかったのです。

「生があるから、滅がある」（生がないなら、滅はない）
「得るから、失う」（得ないなら、失わない）
「変わるから、現象として現れる」（変わらないなら、現象として現れない）
という具合に。

中論はこの三つの真理から成るのです。

因縁法則こそ人生の操作方法

「私はない」というのは仏教だけ

「私」が苦しむ。「私」が悩む。「私」がいらだつのです。

つまり「いま、ここに私がいる」という実感があるからこそ、自分のこと、世の中のことが気になるのです。

「私は存在しない」なら、世は無常であっても、苦であっても、楽であっても、ぜんぜん関係ありません。

ですから大事なポイントは、「私はあるのか？」「我はあるのか？」ということになります。

科学であろうが哲学であろうが、仏教以外の思考はすべて「私はある」ことを前提にしています。

しかし仏教だけは、「我はない」という立場です。

したがって仏教から見れば、すべては関心に値しません。

「そうはいっても、気になるのです。関心があるのです」というのなら、「せいぜい自分の役に立つことに限定しなさい」という立場です。

暮らしていくためにお金が必要なら、いくらか金が儲かるように勉強すればよいのです。それで充分です。あれもこれも知る必要はありません。

お釈迦様が答えない問い

お釈迦様は、「宇宙は有限?」「魂はある?」「魂と体は同一?」といった問いには答えません。「そんなことはあなたに関係ない。ただの知識の刺激です。役に立ちません。そんなものは無意味、無駄です」という態度です。

このような答えが成り立たない、役に立たない無記の問いは十あります。

①世界は常住であるか?

②世界は非常住であるか？
③世界は有限であるか？
④世界は無限であるか？
⑤霊魂と肉体は同一のものか？
⑥霊魂と肉体は別々のものか？
⑦如来は死後存在するか？
⑧如来は死後存在しないか？
⑨如来は死後存在しつつ非存在であるか？
⑩如来は死後存在するでもなく非存在でもないか？

（中部六三　小マールキヤ経）

これらの質問は、論理的に言って回答不可能です。そもそも変な質問なのです。一つの命題に対する答えは、有か無か、イエスかノーか、どちらかだと思うでしょう。ところがインドでは「イエスであってノーである」「イエスでもなくノーでもない」も加えて四元論を作っていたのです。

現代人には二元論しかわかりません。イエスかノーかのどちらかです。理屈ばかり考える現代の人々は、論ずる以前に、重大なミスを犯しているのです。

では四元論なら無記の問いに答えられるかというと、それも不可能です。

例で考えましょう。「魂があるのか？　魂はないのか？」という命題に対する答えはイエスかノーかだと思うでしょう。しかしノーと答える人でさえも「魂はない」と言うから、最初から魂を認めているのです。「ある」と言っても、「ない」と言っても、その命題の主語はモノノケのように頭の中にいるのです。魂がないなら、命題に主語として「魂」という語が入りません。もし命題の主語がもともと存在しないものなら、二元論であろうが四元論であろうが、答えはありません。

また例を出します。亀の毛は柔らかいですか？　硬いですか？　この命題にイエスと答えるためにも、ノーと答えるためにも、亀の毛を認めなくてはならないのです。

このように証明していないものを前提として認める理屈・論理は、何の意味も持たないのです。本来、「亀の毛」云々という命題を作る前に、まず「いったい亀の毛って何なのか？」と、探求しなくてはいけないでしょう。

そこで仏教は「我（魂）はあるか否か」という問いに無智な答えを出す前に、「我（魂）って何？」と、探求したのです。そして発見したのが、因縁により、生じて滅する現象の流れなのです。

「私がいる」という実感は何なのか？

「宇宙は有限です」とわかったら、何かの役に立ちますか？
「魂と体は一体です」とわかったら、何かの役に立ちますか？
答えがどちらでも、どうでもよいでしょう。

すべて「私はいる」という実感から出てくる問いではないでしょうか？　この「私はいる」という実感さえなかったら、何も成り立たないでしょう。

したがって、仏教からみれば、これらの問い自体が成り立たず、したがって答えも成り立たないのです。代わりに「私がいる」というこの実感は何なのかと、探求したほうがよいのです。

仏教から見れば、世の中のことに価値はありません。それなのに我々現代人は、無駄なことばかり知ろうとしています。

価値を入れるとロクなことはありません。

幸福を得ようと苦しむ。不幸を払おうと苦しむ。劣っている、勝っていると差別する。

お母さんが認知症になってあなたのことを忘れたら、かわいそうですか？　あなたが悲しくても、お母さんにしてみれば「知らない人がいる」というだけです。不幸でも幸福でもないのです。

男みたいな女性、女装する男性、性転換する男性、そんなのはすべて無意味です。価値がありません。評価に値しません。

仏教の世界は、「誰も偉くない。誰も卑しくない」という世界です。だから勝手にすればよいのです。

金持ちが貧乏人を差別することもありません。差別は悪行為だというブッダの教えも生きているからです。ですから仏教が生きている社会では、貧しい人も自分のことを不幸だとは思いません。明るく生活するのです。

西欧的な価値観が支配的な世界では、無意味な価値観と差別から生じる苦しみが絶えませんが、仏教的な世界は、穏やかでなめらかなのです。

私が変化するなら、世も変化する。世が変化するなら、私も変化する。自も他も一つの流れとして変化するのです。これが無常と私の関係なのです。

「変わらない私」は「人類最大の間違い」

「私」は、生きるために計画を立てたり、希望を抱いたり、苦を嫌がったり、楽を期待したり、好んだりします。

ここで人間は根本的な間違いを犯します。「私は変わらない。私は私です」という実感を持ってしまうのです。それで「私はあれを手に入れたい」などと、計画を立てたりもするのです。

しかし本当は、「私は変わるのだから、計画を立てても意味がない」のです。瞬時に別人になっているのです。我々が生きているのは、田中さんが働いて、太郎さんがお金をもらい、次郎さんがそのお金でご飯を食べるような世界なのです。変わらない自分はいないのです。

こんな中国の教訓話を聞いたことがあります。

土地がほしくて仕方がない人の前に、神様が現れて言いました。

「太陽が昇っている間に走って最初の地点に戻ったら、走って囲んだ土地をお前にやろう」

その人は日の出と同時に走り始めて、ご飯を食べるのも惜しんで走って、広大な土地をなんとか円でつなぐことに成功しました。

ところがその瞬間、死んでしまった。

広大な土地を得る自分は、いないのですね。

「自分が変わらずにいる」と思うから「得る」ことが成立する。しかし、「変わらない自分はないので、得ることはできない」というオチです。

この「変わらない私がいる」というのが、「人類最大の間違い」「極端な間違い」なのです。

あらゆる概念、思考、哲学、宗教、すべてがこの間違いを犯しています。

民族争いも宗教争いも、すべてこの間違いに端を発します。

仏教を勉強すると、この間違いを犯しません。だから頭が良いのです。すぐに問題を見抜きます。十年研究した専門家の話を、一言で引っくり返せます。専門家といわれる人も、ずっと畑仕事をしてきたお年寄りにはかないません。簡単に言い負かされて恥をかいてしまいます。「世界も自分も、瞬間瞬間、変わるのだ」「過去の私といまの私は違うのだ」「私は執着に値しない」という真理を知っていると、智慧が働くのです。

人生の操作方法

「変わらない私」という大誤解に基づいて計画を立てるのは、「人生の操作」としては間違いです。

これでは人生の期待・希望は叶うはずもありません。道が、操作が間違っているので失敗します。機械の操作を間違うようなものです。どのような結果になるか、推測さえできません。何をやっても確信がもてません。占いくらいしか頼るものがなくなってしまいます。

だから仏教では、「そんな方法では希望は叶いませんよ」と言うのです。「私はない」とわかれば、因縁が見えます。客観的に現象を見る智慧が働くのです。仏教の提示する人生の操作方法は、この因縁法則です。因縁法則を知れば、かなり先のことも読めます。適切に因縁に働きかければ、結果を変えることも可能なのです。

死んだ子を嘆く愚かさ

我々人間は、「どうしようもないもの」を期待して苦労しています。
死ぬことを何とかしたい。
病気になることをなんとかしたい。
歳をとるのを何とかしたい。
しかし、そんなものは、何ともなりません。

あるところに、ひどくケチな大金持ちがいました。お金は徹底的に使わない。着るものは綿ではなくて麻。乗るものはウマではなくてウシ。食事は、捨てるしかない痩せた黒い米に、タマリンドの葉の酸っぱいスープを掛けたものでした。

息子が一人いたのですが、そんな食事ですから、栄養失調になってしまいました。ところが、自分は金持ちだから子供を医者に診せると吹っかけられると考えた男は、一人で医者のところへ行きました。それで子供の病状を世間話のように話して、治療方法を聞きだして、自分で薬を作って子供に飲ませたのです。しかし、しょせん素人ですから、子供は快復しない。それでもう駄目だということになってしまいました。

次に男がしたのは、死にかけの子供を建物の外に出してしまうことでした。子供が死んだとわかると親戚縁者が押しかけて金がかかる。だから死体は自分でこっそり埋めてしまおうと考えたのです。

罪のない子供が死にかかっているのを知ったお釈迦様は、このままでは子供がひどく落ち込んだまま死ぬのでよくない、かわいそうだと考えました。それでその家の前に立って、子供にご自分の姿を見せてやりました。

子供は亡くなってしまったのですが、そのときはお釈迦様の姿を見て「なんと素晴らしい」と喜びの気持ちだったので、天国に生まれ変わりました。天国に転生した子供が考えたのは、愚かな自分の父親のことです。ちょっと思い知らせてやろう、と。

子供を亡くして、父親は朝昼晩と泣き暮らしました。寂しかったのです。ケチのために自分が子供を殺したのですが、そういう親心はあったのです。

泣き暮らして七日ほどして、男は亡くなった子供とそっくりの子供が号泣しているのを見かけました。

どうしたのかと聞くと、「おもちゃの車の車輪が壊れた」と言う。男は金持ちですから、なんだそんなものと、「金で作った車輪をあげよう」と言ったのです。亡くなった息子に瓜二つのその子供を見て、すっかり優しくなってしまったのです。

ところが子供は、そんなものはいらないという態度です。「そんなものではなくて、月と太陽がほしい」と言うのです。「大きさといい、丸さといいちょうどいい。あれちょうだい」と。

男は、「馬鹿なことを言うものじゃない。あれは得られないものだから諦めなさい」と言い聞かせました。

するとと子供が言うのです。

「おじさんは、どうして毎日泣いているの？」

「自分の子供が亡くなったから、泣いているのだ」

「では、おじさんは僕より馬鹿だね」と子供。

「何？　どうして？」

「だっておじさんは、この世にいない、眼にも見えない子供を恋しがって、毎日泣いているじゃないか。太陽は眼に見える。それをほしがって何が悪いの？　おじさんのほうが馬鹿だ」

そう言い終わると、子供は姿を消してしまいました。

それで男は、いまさら泣いても意味がないと知って、仏教に帰依しました。

人は死ぬのです

金持ちも、貧乏人も、有名人も、同じように価値がありません。同じように苦しみ、同じように惨めに死んでいくのです。それに抗うことは、無意味です。

先日、あるお医者さんが「幽霊を見せてほしい」と私に言いました。なぜかというと、霊や魂の存在を自分で見て信じられたら、死に怯える患者さんを、「死後の世界があるから大丈夫。生まれ変わるから、安心しなさい」と慰められるからと言うのです。毎日のように人が目の前で死んでいく。家族、親戚が悲しむ。それが耐えられないと、お医者さんは苦しんでいるのです。

しかし、人は死ぬのです。

病院は可能な治療を適切に施してくれるでしょう。それなのに病気の子供を持つ親は「自分の子供だけは絶対に死なせたくない」と願ってしまいます。それでももし担当のお医者さんが、ほかの患者を差し置いて自分の子供の治療を優先してくれたら「なんといいお医者さんだ」と喜ぶのです。子供思いの優しい親は、ひどく残酷なのです。

そのお医者さんも、こうした俗世間の見方に巻き込まれてしまっています。期待しようのないものを期待して、それが叶わないと苦しんでいるのです。

だから仏教では、人間は、太陽と月を車輪にしたいと言った子供より馬鹿だ、というのです。子供の素直さがあれば、真理は見えるのです。

苦しいから輪廻する

人間は「私は変わらない」というとんでもない誤解に基づいて、希望し、期待し、計画するのです。

しかし、「人生の操作」を間違っているから、結果は出ません。

もともと生きることは、楽ではありません。

仕事、掃除、洗濯、炊事、勉強。何をするにもお金がかかる。家を買うと三十年お金を返しつづけることになる。冬は寒い、夏は暑い。子供は言うことをきかない。それが普通です。

そのうえ、間違った方法で人生を操作しようとするから、当然うまくいくはずもなく、失敗します。それが悔しくて、もっと必死に挑戦しますが、操作方法は相変わらず間違っているので、結果はもっと悪くなるのです。その悪循環がつづくのです。このようにして人生は、何千倍も苦しくなるのです。

人生が苦しいと、攻撃したり、競争したり、あらゆる悪いことが連鎖反応で起こります。それで世界は苦難に満ちるのです。

「輪廻の苦」も同じ理屈です。生命の苦しみは、このようにして延々と続くのです。苦しいから輪廻するのです。輪廻それ自体が苦なのです。「生まれ変わるならありがたい」というのは大間違いです。

しかし本来、操作を間違えなければ、生きる苦しみはたいしたことはないのです。生命にある唯一の救いの道は、「無常を知る」こと、「理解する」こと、それに「納得いく」ことです。無常に納得した時点で、人生は好転します。

あなたは、必要なことをぜんぶ知っている

「無常＝真理」に逆らうと不幸

「私が生きている」ということは、「私は無常であり、絶えず変化する現象である」ことです。

食事をして幸福を感じるのも、クリスマスのイルミネーションを見て楽しくなるのも、無常だから、変化するからです。

イルミネーションが点滅するたびに、私の視覚も、認識も、同時に点滅していく。気持ちも変わってゆく。その変化が楽しいのです。

現象に価値はありませんが、無常だからこそ楽しいのです。

変わる、一定しないということが、すなわち「存在」であり、「生きること」であり、

「世界のありさま」でもあるのです。

ところが、こと「私」となると、「このように変わってほしい」「このまま変わってほしくない」と希望する、期待する、努力する。必死で、無常という真理の法則に逆らうのです。

しかし私の希望など、世界の知ったことではありません。私の期待通りに変化することなどあり得ないのです。

嫌な人はさっさと死んでほしい。自分の子供はずっとかわいいままでいてほしい。そんな「私」の期待が叶う道理がないのです。

「私」は、無常という真理を知らず、あり得ないことを期待しています。だから結局、失敗して失望することになるのです。太陽と月を車輪にすることができないのと同じです。

無常に逆らうと、余計な悩み苦しみに陥ってしまう結果になるのです。

そうならないために、我々は、無常という一切の現象の法則を念頭に置いて生きるべきなのです。

いまの瞬間だけが現実

無常を無視した生き方、欲望と期待に溢れた生き方は、観念的、主観的です。妄想に基づいた生き方です。

いまの瞬間だけが現実です。

いまの瞬間は、次の瞬間の原因になります。

ですから、将来、良い結果を期待するなら、「将来という妄想」の中で空回りするのではなく、心はいまの瞬間という現実に集中するべきです。

いまの瞬間が良ければ、当然、次の瞬間も良いのです。

たったそれだけのことで、人間は最高に幸せに生きていられます。このシンプルな真理が大人にはわからないのです。子供は説明するまでもなく、実践しています。だから生き生きとしているのです。だから子供を見ていると楽しいのです。

俗世間的な幸福、財産・名誉等を得るにしても、それは「私がいまの瞬間にしていること」しだいです。

いまの瞬間の行為が次にどんな結果になるのかは、誰にでも推測できます。怠けていたら、良い成果が得られないのは明らかです。いま怒っている人が次の瞬間に幸せになることは、あり得ません。

次の瞬間のことくらいは、誰にでもわかるでしょう。

だったら「幸せに生きるために必要なことを、ぜんぶ知っている」ということです。あとはいまの瞬間を善い状態で保つように努める。善い行いをする。いま親切にする。いま精進する。いま怒りを抑える。現実との関わり方は、この態度こそが正しいのです。それによって期待があってもなくても、自然に良い結果になります。期待以上の結果がついてきます。

ひたすら自分の目の前のことを真剣に研究していた人が、思いもかけずノーベル賞をもらって本人が大いにびっくりしました、というようなことがあるでしょう。

原因からは、常に、原因に見合った結果が出るのです。

だったら、余計な期待を妄想せず、いまに集中して、良い原因を作りましょう。それは簡単なことなのですから。

希望は必ず実らない

十年前に自分に必要なものがなくて、そのために十年間努力して、ようやく今日、期待した結果を得たとしましょう。

希望は十年前に現れたのです。その期待は「そのときの、その歳の私」に必要だった。十年前に必要だったのです。

十年を経た私に、いまさら、それが必要でしょうか？

必要ありませんね。

期待・希望は、「期待・希望が起きたときの要求」です。お腹が空いた瞬間にご飯が必要、高熱のときに解熱剤が必要なのです。後日、別人になっている私にはその意味がありません。満腹の私にご飯は不要、元気な私に解熱剤は不要なのです。

かつて希望があって、努力して、ようやく希望が叶った。ところが何かしら納得がいかない。これは誰の人生にもよくあることです。

無理もありません。

十年前には、自分にないから希望したのですが、十年後の今日は、希望した自分ではないのです。

「すでにない希望」が叶ったとしても、「希望が満たされた実感」が得られるわけがありません。希望はとうに消え失せているのですから。

となると「十年間、一体何をしていたのか？」ということになりますね。

だから仏教は「希望が問題だ」という態度を取るのです。

「あなたに両脚がなくなったら、高価なブーツを差しあげる」

女性がこんなことを申し出られても、まったく相手にしないでしょう。せいぜい「いまの私に必要だから、いま、ください。はけなくなってからは、いりません」と答えるのが普通です。

ところが時間を長い単位で考える俗世間では、こんなことを平気で言っているのです。「両脚を切断したらブーツをあげる」といった話を真に受けて、努力するのです。

無常に気づかない愚かな生き方は、このようなものです。脚を失くしてから手に入れたブーツは苦（dukkha）《ドゥッカ》、すなわち「意味がない」のです。

仏教は「長く時間をとってはいけない。いまの瞬間だけで充分だ」という態度です。

無常を観察すると、世間の話に乗れなくなります。

無常を知れば、俗世間の欲に、怒り・憎しみが絡んだ話に愚かさを感じます。

無常を知れば、苦しみから苦しみへと当てもなく、定着するところもなく走っている俗世間に未練を感じません。

無常を知って、無常に納得をして、人は無智を脱出して智者になるのです。智者になるのは難しいことではないのです。

心の無常は時間単位

「真理としての無常」を発見しよう

無常は、釈尊が発見した聖なる真理です。

それまで誰一人として発見できなかった法則なのです。二千六百年前にゴータマ・シッダッタがはじめて無常を発見し、真の解脱を経験して正自覚者（完全たる覚りを最初に覚って、その覚りへの道を他に教えられる方）、ブッダ、釈尊となられたのです。

ブッダの教えに触れられることは、生命にとってこれ以上ない幸運です。「花は散るから空しい」程度の「俗世間の無常」を捨て去って、生命全体に行き渡る、「真理としての無常」を発見しましょう。その方法はブッダによって明らかにされています。

心はエネルギーであり機能

無常を微細な単位で観察するのは簡単です。

科学には nanometer《ナノメーター》（〇・〇〇〇〇〇〇〇〇一メートル）、nanosecond《ナノセカンド》（〇・〇〇〇〇〇〇〇〇一秒）という単位があります。この単位なら、物理学でも物質の本来の状態を知ることができます。

しかし、仏教は心の観察の教えです。現象を観察するという点では物理学と同じですが、観察する対象は「心」なのです。

無常とは「変わる」という意味なので、無常を調べるのに空間的な nanometer といった単位は、そもそも必要ありません。

大きくても小さくても変わるスピードは同じです。一ミリグラムの豆腐も、一キログラムの豆腐も、同じように腐るのです。

物質の世界でも無常を知るのに空間は不要ですが、そもそも心はエネルギーなので、空間がありません。心の無常は、時間単位の無常です。

心は、肉体という物質に依存してはいますが、空間はとりません。心は、エネルギーであり、呼吸する、体温を保つ、見る、聞く、といった機能なのです。だから科学者がどんなに細かく細かく肉体を調べても、心は見つからないのです。当然、重さもありません。

瞑想修行するときは、大心（mahaggata citta）《マハッガタ　チッタ》、非大心（amahaggata citta）《アマハッガタ　チッタ》という単語を使いますが、それは空間的な大小を示すものではありません。前者は修行によって育てたレベルを高めた心、後者は一般的な普通の状態の心を指します。

無常を観る方法「ヴィパッサナー瞑想」

ヴィパッサナー瞑想を実践する人は、「物質と心は、瞬間的に変わっていく」ことを観察します。瞑想を実践すると、あたかも副産物のように、真理が自然に見えてくるのです。

瞑想する場合は、物質と心の関係で、最初から無常が見えています。

最初は「瞬間」といっても時間が長いので、覚りにまではいたりません。

ヴィパッサナーを実践して集中力が高まってくると、「瞬間」という時間単位も短くなっていきます。

やがて観察眼が鋭くなり、「真に瞬間」になったところで、覚りにいたります。

そして、次の二つの真理を発見するのです。

①物質に依存して心が変わる

②心に依存して物質が変わる

仏教は心の科学ですが、物質なしに心だけで無常を発見することは難しいので、物質と心の両方を観察するのです。

「死」を認めて智者になる

すべての生命は根本的に無智

誰もが百パーセント死ぬのです。これほど確かなことはありません。

ですから「死を認めない」「死に逆らう」という態度は、根本的に無智です。

しかし「生きていたい」というのは、すべての生命が持つ根源的な衝動でもあります。

つまり生命は根本的に無智なのです。そのため輪廻という苦難を延々とめぐることになっているのです。


では、「死」を認めましょう。「死」を観察しましょう。

根本無智を破って智者になりましょう。

輪廻の苦難を乗り越えましょう。

「死にたくない」「死にたくない」と願うほど、数限りなく輪廻し、数限りなく死ぬ羽目に陥ります。

そこから抜け出すのです。真に幸福を願うなら、生命は輪廻からの解脱を目指すべきなのです。

その方法は「死を認める」といういたって単純なものです。

死を観察する方法「死《し》随《ずい》念《ねん》」

誰しも死を認めるべきなのです。

しかし、真面目に死について考えるのは小さな子供だけです。

誰しも過去世に数限りなく死んでいますが、そのことは思い出せない。

死にかけた経験はある人も、ただ、「怖かった」という感想を持つだけです。

どうすれば死を認めることができるのでしょうか？

仏教には、効果的に、死を認める方法があります。

「死随念（maraṇānussati《マラナーヌッサティ》）」という瞑想です。上達すると自動的にヴィパッサナー瞑想に変わります。

身の周りには、死ぬこと、壊れること、変わることの情報が嫌になるほどあるでしょう。そのとき、他人を自分に置き換えて、「死随念」を実践するのです。

誰かが自動車事故で死んだら、修行者はそのとき無関心にならない。「これは自分にもあることだ」と自分のこととして受け止める。「自分の身も、必ず同じことになるのだ」と。

このような方法で自分の死と向き合うことが、死随念になります。

Maraṇatthāya《マラナッターヤ》 okāsaṃ《オーカーサン》 vadhako《ワダコー》 viya《ヴィヤ》 esati.《エーサティ》

チャンスを見計らって、死は殺戮者の如く常に側にいる。

賢者も愚か者も、老人も赤ちゃんも、貧乏人も金持ちも、権力者も弱きものも、誰でも死にます。いつ死んでも何の不思議もありません。私が死なないはずがないのです。いつ死んでもおかしくないのです。

昇る日は必ず沈みます。生まれたものは必ず死にます。生は死とともに現れるのです。お母さんのお腹から出てくるときに葬式を用意しても、気が早いということがないほどなのです。

「水に書いた字の如く命は儚いもの。石に彫った字の如く死のみ確実」なのです。

Jīvitaṃ《ジーヴィタン》 aniyataṃ《アニヤタン》 maraṇaṃ《マラナン》 niyataṃ《ニヤタン》.

生きることは大変だが、死はいつでも起こり得る。

一回息を吸うたびに、一回息を吐くたびに、私の命は縮んで、死へ向かって進みます。「息抜き」などといいますが、その間にも確実に死に近づいているのです。一生のうちの呼吸の回数が、決まっているとするならば、一回吸って一回吐くと、寿命が縮んでいることはわかるでしょう。

心臓の鼓動一回一回で、私の寿命は縮み、死に近づいています。時計のチクタクとともに、秒単位で、私の寿命は縮んで、死へ近づいているのです。

このように、また、あらゆる例えを使用して自分自身が確実に死んでゆくものだと理解するべきです。「生きること＝死へ向かうこと」と理解するべきです。

我々はよく冗談で言うのです。

「どこへ行くの？」

「死へ行くのですよ」

これはどんなときにでも、百パーセント正しい答えです。

すべての生命は、死に向かって生きています。

踊りながら死へ向かうのです。

家のドアを開けながら死へ向かうのです。

笑いながら死へ向かうのです。

無駄話をしながら死へ向かうのです。

これはなにも暗い話ではありません。医学的にも正しいのです。

このように何事につけて「死に向かっているのだ」と理解することが、死随念になります。無常を知ることにつながります。真に幸福に生きることにつながるのです。

死につつある現実を受け入れると……

死随念する人の心は、安らぎを感じます。

怒り、嫉妬、憎しみが出なくなる。欲に夢中になることもありません。

悪を犯せなくなります。

いまの瞬間を活発に有効に生きることができます。

「死ぬ前に必ず解脱する」という気持ちになります。

愚かな世間の感情で流されません。

世の中のあり方を明確に理解できます。

心が統一されます。

解脱まで行かなくても、死後必ず梵天《ぼんてん》か天界に生まれます。

来世でも智慧の鋭い人になります。天才的な能力を持って生まれます。

智者になるのです。

死へのカウントダウンは、人に多大な幸福をもたらすのです。

六感の無常を瞑想する「無常随念《むじょうずいねん》」

死を瞑想することが上手にできない人には、無常を瞑想することを勧めます。これは「無常随念(aniccasaññā)《アニッチャサンニャー》」という瞑想です。「すべては無常である」という事実を、頭に叩き込む方法です。この瞑想も、上達すると自動的にヴィパッサナー瞑想に変わります。

やり方は次の通りです。

人間は、眼・耳・鼻・舌・身体で外の世界を感じています。順番で言えば、色・形、音、匂い、味、身体に触れる感触です。それから、心であれこれと考えたりする。まとめると、知識機能が生まれる処《ところ》は六つです。「五感」という言葉がよく知られていますが、実は六感なのです。俗世間では「第六感」と言うと予知能力や超能力なのですが、それはとんでもない話です。頭で物事を考えることは、六番目の感覚なのです。

そこでこの六つを専門用語で略称します。

身体の六つの感覚器官は、眼《げん》・耳《に》・鼻《び》・舌《ぜつ》・身《しん》・意《い》です。

この六感に触れる情報は、色《しき》・声《しょう》・香《こう》・味《み》・触《そく》・法《ほう》です。その言葉を覚えて、以下の観察に挑戦してみてください。

①眼《げん》は無常です。

眼の対象となる色《しき》は無常です。

眼に色が触れること（触《そく》）は無常です。

触れることにより生じる感覚（受《じゅ》）は無常です。

眼識《げんしき》は無常です。

②耳《に》は無常です。
耳の対象となる声《しょう》は無常です。
耳に声が触れること（触《そく》）は無常です。
触れることにより生じる感覚（受《じゅ》）は無常です。
耳識《にしき》は無常です。

③鼻《び》は無常です。
鼻の対象となる香《こう》は無常です。
鼻に香が触れること（触《そく》）は無常です。
触れることにより生じる感覚（受《じゅ》）は無常です。
鼻識《びしき》は無常です。

④舌《ぜつ》は無常です。
舌の対象となる味《み》は無常です。
舌に味が触れること（触《そく》）は無常です。
触れることにより生じる感覚（受《じゅ》）は無常です。

舌識《ぜつしき》は無常です。

⑤身《しん》は無常です。
身の対象となる触《そく》は無常です。
身に触が触れること（触《そく》）は無常です。
触れることにより生じる感覚（受《じゅ》）は無常です。
身識《しんしき》は無常です。

⑥意《い》は無常です。
意の対象となる法《ほう》（概念）は無常です。
意に法が触れること（触《そく》）は無常です。
触れることにより生じる感覚（受《じゅ》）は無常です。
意識《いしき》は無常です。

五《ご》蘊《うん》の無常を観察する

もう一つ方法があります。

人といえば、生命といえば、一体何を意味するのでしょうか？　仏教では、生命体は五つのカテゴリーで構成されていると説くのです。

①身体・肉体（色蘊《しきうん》）

②苦・楽・不苦不楽の感覚（受蘊《じゅうん》）

③区別・分別能力（想蘊《そううん》）

人間の頭の中には、人、花、本などの概念がいっぱいあります。すべての概念に単語があるわけではありません。人を見ても一人一人の区別はよく知っていますが、「何が違いますか？」と聞かれても明確な説明はできません。犬にも猫にも他の生命にもそれなりにこの能力があります。これが想蘊です。

④何かをしたいという心の働き（行蘊《ぎょううん》）

生命は常に何かをやっています。見たい、聞きたい、喋りたい、味わいたい、など何かをしたい、という衝動が常にあります。それから欲・怒り・嫉妬・憎しみ・落ち込みなどの感情もエネルギーになって行為を引き起こします。

⑤認識機能（識蘊《しきうん》）

認識機能、いわゆる「心」です。見たり、聞いたり、感じたり、考えたり、そういう働きです。生命に認識機能がなければ、椅子、机、石などの物体と同じです。

生命は、この五つのグループで構成されているのです。この五蘊という言葉を覚え、以下の観察に挑戦してみてください。

①色蘊は無常です。
②受蘊は無常です。
③想蘊は無常です。
④行蘊は無常です。
⑤識蘊は無常です。

と、念じるのです。

このように観察する人は、「一切」を無常として随念したことになります。五蘊の無常の観察と無常随念を、好きなように組み合わせて、そのつど気になる現象を「無常だ」と観察しても結構です。

私も、すべての物事も、無常であることは明らかな事実です。私も、ほかの生命も、瞬間瞬間変化しつつ死にいたることも明らかな事実です。苦労に苦労を重ねて発見する必要はないのです。大海に沈んでいる人に、水とは何かさっぱりわからないとは言えないでしょう。我々は、無常という大海にいる、「一滴の無常」にすぎないのです。

それなのに我々は、無常に逆らおうと思って、苦から苦への道を歩んでいるのです。最勝の幸福は、いまの瞬間、目の前にあるのです。無常を認めましょう。自分の死を認めましょう。いまこそ幸福から幸福への道に、人生の舵を切るときです。

本書は、サンガより二〇〇六年に単行本（シリーズ「お釈迦さまが教えたこと」）で、二〇〇九年に新書で刊行された作品を、サンガ新社が単行本として新たに刊行したものです。

クラウドファンディングにご支援をいただき、誠にありがとうございました。

本書『無常の見方』は、2023年に実施したクラウドファンディング「スマナサーラ長老『無常の見方』『苦の見方』『無我の見方』を紙書籍で刊行します！」プロジェクトでのご支援によって刊行することができました。

『無常の見方』『苦の見方』『無我の見方』はかつて株式会社サンガから刊行されましたが、2021年1月の株式会社サンガの倒産により、入手が困難な状況となっていました。しかし、これからも多くの人々に長く読み継がれるべき本であると考え、新会社・株式会社サンガ新社が新たな刊行を目指し、クラウドファンディングでのご支援を呼びかけました。

2023年9月30日に「200万円」の目標額を掲げてスタートしたこのプロジェクトは、最終日の11月5日までに、目標額の137パーセントとなる支援額「274万8700円」、支援者数「340人」のご支援をいただきました。

ご支援いただいた皆様、誠にありがとうございました。

このクラウドファンディングでは、書籍の事前予約をはじめ、さまざまなリターンをご用意いたしました。

そのなかで、出版協力者としてお名前を書籍の紙面に掲載するコースをお申し込みいただいた方のお名前を、感謝の気持ちを込めて以下に掲載させていただきます。(敬称略・順不同)

出版協力 ご支援御礼

垣岡 正英

田中 信
森田 真隆
阿部 新一
山本 茂康
角川 裕次
西村 由美子
まいち
丹治 秀和

アルボムッレ・スマナサーラ　Alubomulle Sumanasara

テーラワーダ仏教（上座仏教）長老。一九四五年四月、スリランカ生まれ。十三歳で出家得度。国立ケラニヤ大学で仏教哲学の教鞭をとる。一九八〇年に来日。駒澤大学大学院博士課程を経て、現在は（宗）日本テーラワーダ仏教協会で初期仏教の伝道と瞑想指導に従事している。朝日カルチャーセンター（東京）講師を務めるほか、NHK Eテレ「こころの時代」「スイッチインタビュー」などにも出演。著書に『サンユッタニカーヤ　女神との対話　第一巻』『スッタニパータ「犀の経典」を読む』『ダンマパダ法話全集　第八巻』『ヴィパッサナー瞑想　図解実践―自分を変える気づきの瞑想法【決定版】』（以上、サンガ新社）、『怒らないこと』（だいわ文庫）、『心は病気』（KAWADE夢新書）、『ブッダが教える心の仕組み』（誠文堂新光社）、『ブッダの教え一日一話』（PHP文庫）、『70歳から楽になる』（角川新書）、『Freedom from Anger』（米国Wisdom Publications）など多数。

日本テーラワーダ仏教協会
http://www.j-theravada.net/

無常の見方

「聖なる真理」と「私」の幸福

二〇二三年十二月十五日　第一刷発行

著　者　アルボムッレ・スマナサーラ
発行者　佐藤由樹
発行所　株式会社サンガ新社
〒九八〇－〇〇一二　宮城県仙台市青葉区錦町二丁目四番一六号八階
電話　〇五〇－三七一七－一五二三
ホームページ　https://samgha-shinsha.jp/

印刷・製本　創栄図書印刷株式会社

Printed in Japan
ISBN978-4-910770-72-7